un flic
se met à table

Damien Michel

un flic
se met à table

la pensée universelle
115, boulevard Richard-Lenoir - 75540 Paris Cedex 11

NOTA BENE

Divers documents irréfutables ont été produits à l'intention des lecteurs de la maison d'édition. Ils attestent de l'authenticité des faits révélés dans cet ouvrage. Cette documentation est de nature à prouver la scrupuleuse véracité des événements et faits relatés, sur lesquels j'apporte un témoignage.

D. M.

D. M.

AVERTISSEMENT

Tous les personnages cités dans cet ouvrage sont authentiques et les faits sont rigoureusement exacts.

Dans cette production, je parle de nombreux voyous, malfaiteurs en tous genres et d'assassins qui ont défrayé la chronique au moment où les faits se sont déroulés. Toutefois, pour certaines raisons bien compréhensibles, par rapport à leur famille, des noms supposés ont été attribués à quelques voyous et gangsters, aujourd'hui « rangés des voitures ». *Par contre les noms de ceux qui ont eu droit à une grande notoriété et sont tombés dans le domaine public, ils n'ont pas été modifiés.*

J'ai, également, fait usage de noms supposés en ce qui concerne certaines victimes, plaignants, témoins, suspects et autres personnes ne tenant peut-être pas à ce que leur nom soit divulgué.

Pour certains magistrats, qui n'ont pas toujours agi avec l'impartialité requise par leur fonction ou qui se sont compromis. Pour des médecins, journalistes et autres personnalités dont le comportement, dans certaines affaires, a été en marge de la légalité, j'ai fait usage de noms supposés. Je laisse le soin au public de les juger sous leur anonymat.

En ce qui concerne mes collègues, mes supérieurs, chefs de service, ne sachant si cela leur ferait plaisir que je cite leurs noms, j'ai fait aussi usage de noms supposés ou modifiés. Il en a été de même pour les magistrats dont j'ai été si longtemps un auxiliaire sur lequel ils pouvaient compter et qui m'ont fait l'honneur de m'accorder leur estime. Les uns comme les autres n'auront, naturellement, aucune peine à se reconnaître.

D. M.

LA SURETE MARSEILLAISE

Au moment de la déclaration de guerre de la France à l'Allemagne, en septembre 1939, j'étais inspecteur de police régionale d'Etat au service de la Sûreté de Marseille. Policier dans cette ville depuis janvier 1936, j'avais présenté mon concours d'inspecteur à titre civil. A cette époque il y avait, également, un concours qui était réservé aux militaires.

L'état de guerre n'avait pas fait diminuer le banditisme et la délinquance en France. Elle l'avait plutôt aggravé dans les grandes villes et particulièrement dans les grands ports comme Marseille. Avec le black-out obligatoire, le port avait été bombardé à plusieurs reprises par les Allemands, les éclairages de rues avaient été supprimés. Les lumières en provenance de lieux publics ou d'appartements privés devaient être camouflés. Les préposés à la défense passive étaient chargés de faire respecter l'interdiction et de rappeler à l'ordre les contrevenants. Cette obscurité totale sur les voies publiques n'avait pas manqué de favoriser les agressions nocturnes.

Presque immédiatement après la déclaration de guerre, sur ordre du gouvernement Daladier, la plupart des malfaiteurs connus de la police devaient être neutralisés et envoyés dans des camps. Ils ne devaient y rester que quelques mois avant d'être libérés.

Quelques mois avant la déclaration de guerre, j'étais titulaire d'un fascicule de mobilisation qui m'ordonnait de regagner les équipages de la flotte à Toulon, immédiatement et sans délai en cas de mobilisation générale. Un mois avant celle-ci, ce fascicule me fut échangé par les gendarmes. Ils devaient me remettre le fameux « fascicule bleu » m'ordonnant, en cas de mobilisation générale, d'attendre dans mes foyers un ordre de route individuel. Cela ne m'a pas tellement étonné car j'avais été sous-marinier et, en principe, j'étais réservé à cette arme. Je savais que si les équipages de bateaux de surface pouvaient être considérablement renforcé, en période d'hostilité, il n'en était pas de même pour ceux des sous-marins qui ne pouvaient que rester à leur effectif du temps de paix. En conséquence, je m'attendais à rester quelques mois avant d'être rappelé sous les drapeaux.

Avant d'entrer dans la police, dès l'âge de dix-huit ans, j'avais navigué plusieurs années avec pour objectif de devenir officier mécanicien de la Marine marchande. Etant inscrit maritime définitif à l'âge de vingt ans, j'avais dû effectuer deux années de service à bord d'un sous-marin, que j'avais terminées en qualité de quartier-maître chef moteur.

Durant mes années de navigation dans la marine de commerce, j'avait été embarqué sur des paquebots assurant les lignes du Japon, de Madagascar-la Réunion, de l'Afrique Occidentale et de l'Amérique du Sud. Durant ces années j'avais été amené à beaucoup apprendre sur le « milieu » des truands et cela devait souvent me servir dans mon second métier.

Six mois après la remise du « fascicule bleu », les gendarmes vinrent me l'échanger à nouveau. Ils me remirent un fascicule d'affecté spécial dans la police. Une circulaire avait autorisé les administrations publiques à demander une affectation spéciale pour les fonctionnaires titulaires d'un fascicule bleu, sauf opposition de l'autorité militaire. C'est ainsi, qu'à mon insu, mon administration s'était adressée au bureau de recrutement maritime de Toulon pour demander mon affectation spéciale dans la police. La marine donna son accord du fait que les équipages de sous-marins étaient en surnombre. C'est ainsi que je n'ai pas eu l'honneur de participer à ce que l'on a appelé « La drôle de guerre ». En compensation, il m'a été permis, par la suite, de travailler utilement pour la Résistance.

Après la défaite de juin 1940, la guerre n'avait même pas duré un an, la France devait être divisée en deux zones, l'une entièrement occupée par l'ennemi, l'autre étant sous le régime du maréchal Pétain.

La France, même non occupée, était coupée de ses colonies et d'autres sources de ravitaillement. Elle devait s'imposer un régime de restrictions sévères, sur le plan alimentaire d'abord, et ensuite sur beaucoup d'autres choses.

Les denrées de premières nécessité telles que le lait, le pain, les pâtes, les pommes de terre étaient devenues précieuses, le vin également. La vente de l'alcool en bouteille était devenue interdite. Dans les bars et cafés on ne pouvait en consommer qu'un jour sur deux et en quantité limitée. Les effets ou articles tels que vêtements en coton ou en laine et les chaussures en cuir étaient devenus extrêmement rares et étaient qualifiés d'articles de luxe.

Ce rationnement devait donner naissance au « marché noir ». Il se créa alors des trafics de toutes natures, petits, moyens ou gros. Certaines marchandises que l'on trouvait à des prix négligeables avant la guerre virent leur valeur augmenter terriblement du fait de leur rareté. En conséquence les malfaiteurs devaient exploiter à fond cette nouvelle situation. C'était un peu comme ce qui s'était passé aux Etats-Unis après la prohibition sur l'alcool.

Un grand service de ravitaillement fut institué par les autorités. La plupart des marchandises furent réglementées ou contingentées. Les titres de rationnement furent créés et distribués à la population par des organismes spécialisés et selon certains critères : enfants, adultes, vieillards, travailleurs de force ou non, non travailleurs, etc.

Cet état de chose devait ouvrir la voie à des corruptions, à des détournements et des vols de titres de rationnement et à des contrefaçons et fabrications de faux titres. Trafiquants, voleurs et faussaires cherchant à profiter de cette situation exceptionnelle pour s'enrichir en favorisant le marché noir. Les malheureux n'ayant pas les moyens de s'approvisionner à ce marché parallèle devant se contenter de leurs maigres rations réglementaires souvent insuffisantes.

En novembre 1942, lorsque la zone encore libre fut envahie par les Allemands, les choses devinrent encore plus difficiles. Le rationnement fut encore plus sévère. En outre, l'occupation totale du pays devait donner naissance à une nouvelle forme de banditisme, les vols dits « aux faux policiers ». Ceux qui les commettaient, la plupart du temps, étaient des Français travaillant pour la police allemande, ou autres services germaniques, qui profitaient de leurs fonctions pour commettre des actes de banditisme dont les victimes étaient, presque toujours, des israélites.

A la mobilisation générale, plus de la moitié des effectifs de la police marseillaise dut partir sous les drapeaux. La criminalité et la délinquance ne devait pas diminuer pour autant, bien au contraire. En conséquence, dans l'impossibilité de recruter de jeunes hommes pour remplacer les policiers partis pour le front, les pouvoirs publics procédèrent à des réquisitions d'hommes ayant plus de cinquante-cinq ans qui étaient libérés de toutes obligations militaires. La Sûreté marseillaise reçu un assez grand nombre de requis et quelques policiers en retraite qui avaient été rappelés à leurs fonctions. Parmi ces requis, il y avait des hommes provenant de toutes professions. Il y avait notamment des comptables, des employés de banque, des commerçants et même des P.D.G. Il s'agissait de braves gens, pleins de bonne volonté qui se voyaient « bombardé » inspecteur de police du jour au lendemain et à qui une arme était confiée. La plupart avait la conviction de servir leur pays dans des circonstances exceptionnelles et ils ne rechignaient pas.

Naturellement, même s'ils étaient devenus inspecteurs de la Sûreté ils ne connaissaient rien à la police. Les malfaiteurs ils ne les connaissaient que par la lecture des faits divers dans les journaux. Tous ces requis devaient être placés en équipe avec un inspecteur de métier. C'est ainsi que, personnellement, on me donna comme co-équipier, un très brave homme de cinquante-cinq ans, M. Fernand Beffroi, qui était le patron d'une grosse entreprise de fournitures pour la marine. Tous deux nous appartenions à une brigade de recherches qui se composait de huit inspecteurs et qui était dirigée par l'inspecteur-chef Albin Rovier. C'était un bon père de famille qui avait fait ses preuves quelques années auparavant. Les jeunes l'appelaient « Papa Rovier ». Il avait beaucoup d'estime pour moi. Pour Marseille, il y avait douze brigades de recherche. Quatre brigades formaient un secteur dirigé par un commissaire de police.

Chaque nuit une brigade complète était de permanence pour Marseille et ses banlieues. Le tour de permanence revenait donc tous les douze jours. Ces nuits, à cette époque, étaient passionnantes. Pendant qu'une partie de la brigade demeurait en réserve à la permanence centrale, rue Halle-Puget, l'autre partie, avec la voiture, dite de nuit, draguait à la recherche de la grosse affaire. Souvent c'était dans le quartier Saint-Jean, celui des filles de rue, des mauvais garçons et des bordels, que les Allemands devaient détruire entièrement à la dynamite au début de l'année 1943, du fait qu'il était difficile à contrôler. Les rondes s'effectuaient également en banlieue. Le personnel roulant en voiture devait garder un contact téléphonique intermittent avec le commissaire de permanence. Les voitures radio, reliées à un P.C. étaient encore très loin d'exister. A la permanence centrale de la rue Halle-Puget, il y avait une très grande salle avec, dans son milieu, des bancs qui étaient placés dos à dos. Tout autour il y avait quelques bureaux. Les géôles se trouvaient dans le fond. Chaque nuit l'ambiance y était pittoresque et folklorique. Elle était bien spéciale à ce grand port méditerranéen si cosmopolite. Quelquefois cette salle ressemblait un peu à une cour des miracles. On y entendait des cris, des hurlements, des disputes qui se poursuivaient jusque-là. On y voyait des blessés amenés par les gardiens de la paix, après rixes. On y voyait quelquefois des morts allongés sur une civière. Très souvent cette salle était un lieu de transit entre l'hôpital ou la morgue. Ces nuits de permanence rue Halle-Puget n'étaient pas faites pour les personnes trop sensibles.

Chaque jour, le matin, le chef de brigade procédait à la distribution des enquêtes sans faire de différence entre les requis et les policiers de métier. Il savait bien qu'en définitive ce dernier s'occupait de tout. Donc chaque inspecteur se voyait attribuer plusieurs enquêtes. Par exemple : un cambriolage, un vol simple, une escroquerie, un détournement de mineure. Ou encore, un incendie volontaire, une agression, un entraînement en vue de la débauche ou un attentat à la pudeur. Des affaires, chaque inspecteur en recevait plus que ce qu'il pouvait en traiter.

Personnellement, avec M. Beffroi comme co-équipier, j'avais été gâté. Je prenais en charge ses enquêtes et les miennes et je m'occupait de tout. Il se contentait de m'assister dans toutes mes investigations, mes recherches, mes interrogatoires et dans les arrestations. Avec lui j'avais un gros avantage. Il mettait deux véhicules à la disposition de notre petits équipe et il était le chauffeur. Une semaine nous roulions à bord d'une Citroën traction avant, la suivante c'était une « Ford ». Les inspecteurs de la Sûreté marseillaise ne pouvaient instrumenter que dans la ville et ses banlieues. Les investigations devaient se faire à pied ou en tramway. Ce n'était que tout à fait exceptionnellement qu'une voiture de service pouvait être obtenue. Avant une arrestation prévue ou après si celle-ci était effectuée à l'improviste. Cette collaboration avec M. Beffroi devait permettre à notre équipe de briller par ses résultats. C'était un homme charmant ayant un cœur d'or et il était plein d'humour. Un jour il me dit :

— Vous savez ce que ma femme m'a dit ce matin en partant de chez moi ? « Surtout, quand tu dois faire une arrestation, laisse toujours passer M. Michel le premier. »

Après la défaite de juin 1940, ce fut la démobilisation de nos soldats. Nombreux furent les policiers qui purent regagner leur service. En cette occasion, de nombreux requis furent congédiés et c'est ainsi que je perdis la collaboration de mon ami M. Beffroi. Malgré tout, à la Sûreté marseillaise, durant un certain temps, l'effectif du personnel devait rester réduit. Pas mal de policiers ayant été fait prisonniers par les Allemands.

Heureusement que ceux qui restaient, pour assurer le service à l' « Evêché » (Hôtel de police à Marseille) pouvaient compter sur une largesse de vue de la part des magistrats et que les lois en vigueur à cette époque permettaient aux policiers une grande efficacité. Ils disposaient aussi, à ce moment, de moyens d'investigations qui leur font défaut à l'heure actuelle. Entre autre, je veux parler des fiches d'hôtel, de meublés et de garnis, qui étaient obligatoires et de leur contrôle. Cette obligation, si peu astreignante pour ceux qui n'ont rien à cacher, avait l'avantage d'être d'une grande efficacité dans la lutte contre les malfaiteurs dans une multitude de cas. Celui dont je voudrais parler ici en porte témoignage.

L'INDUSTRIEL ASSASSINE

Au début de l'année 1940, sous la direction du commissaire Henri, j'ai eu à m'occuper d'une affaire d'assassinat qui n'aurait probablement jamais été solutionnée si l'établissement de fiches d'hôtel n'avait pas été obligatoire, en France, à cette époque.

Comme chaque matin, Mme Girard, femme de ménage, se rendait à huit heures à l'appartement de M. Sauveur Emilien, au deuxième étage d'une petite maison tranquille de Montolivet, banlieue marseillaise. Il n'y avait qu'un occupant par palier dans cet immeuble de trois étages. En arrivant devant le logement, Mme Girard constatait que la porte d'entrée était entrebaillée. Etonnée, après avoir poussé la porte elle devait s'apercevoir que le lustre de la salle à manger était éclairé, que le poste de T.S.F. donnait des informations et que la table était mise pour deux couverts.

Sur le parquet, derrière la table, elle devait découvrir le cadavre de M. Sauveur Emilien la tête baignant dans une mare de sang. Une massette en cuivre se trouvait sur le sol à un mètre du corps.

La victime était un petit industriel. Il était à la tête d'une petite usine de boîtes en carton. Il employait une douzaine d'ouvrières. Cet homme âgé de cinquante ans vivait absolument seul.

Avec mes collègues, nous devions procéder aux constatations d'usage. Deux couverts étaient disposés sur table mais, apparemment, seul le potage avait été servi et consommé. Il paraissait évident que la veille au soir la victime avait eu un invité et qu'un drame s'était déroulé après le potage. A la cuisine du gigot froid prêt à être servi était retrouvé. Les trois feux du fourneau à gaz étaient éteints.

Que s'était-il passé ? Il était clair que M. Emilien avait eu le crâne fracassé par un objet contondant, vraisemblablement par la massette en cuivre retrouvée à ses côtés. Pas de désordre apparent dans les pièces. Les meubles ne paraissaient pas avoir été fouillés. La victime portait encore sur elle son portefeuille contenant une somme d'argent assez importante. A première vue le vol ne paraissait pas être le mobile du crime.

L'identité judiciaire devait relever des empreintes digitales sur la bouteille de vin entamée qui se trouvait sur la table. Outre celles de la victime on devait relever les empreintes de deux doigts ne correspondant pas aux siennes. Vraisemblablement elles devaient appartenir à la personne qui devait partager son repas. Malheureusement, à cette époque, le fichier monodactylaire n'existait encore pas. Pour identifier une personne ayant déjà sa fiche dactyloscopique classée au service d'anthropométrie, il était nécessaire d'utiliser la combinaison des cinq doigts d'une même main. Le fichier de la Sûreté marseillaise comportant plusieurs centaines de milliers de fiches, il n'était pas possible, sur cet ensemble, de rechercher l'empreinte de deux doigts. La grande question pour nous était donc de savoir qui était venu dîner avec la victime ce soir-là. C'était un coupable présumé.

Longtemps l'enquête piétina. On ne connaissait pas de liaison à la victime, ni féminine ni masculine. On ne lui connaissait même pas d'amis. Il vivait seul, parlait peu de sa vie privée et se liait difficilement. Il n'avait jamais attiré l'attention de nos services. Il était totalement inconnu de nos archives. Nous n'avions pu obtenir aucun renseignement susceptible de nous éclairer sur la vie privée de cet homme. C'est en vain que nous avions interrogé sa femme de ménage, son personnel, ses clients, ses fournisseurs et les quelques rares membres de sa famille que nous avions pu trouver.

Un jour, pourtant, nous avons décidé d'effectuer une diffusion sur le plan régional, en demandant à tous les services de police et le gendarmerie de nous communiquer tous renseignements susceptibles d'être obtenus sur le nommé Sauveur Emilien. Quelle ne fut pas notre surprise et notre joie, deux heures plus tard, de recevoir un coup de téléphone émanant de la Sûreté de Toulon (Var).

On nous faisait connaître que le sus-nommé était inconnu du fichier de police local mais que, toutefois, les recherches effectuées sur les fiches d'hôtel apportaient des renseignements intéressants.

Le contrôle des hôtels et garnis a été supprimé depuis quelques années. A l'époque des faits, les aubergistes, hôteliers et logeurs en garnis étaient tenus d'établir une fiche d'identité à l'arrivée de chaque voyageur. Le lendemain matin les fiches établies devaient être remise au commissariat de police ou à la brigade de gendarmerie la plus proche où elles étaient immédiatement classées par lettre alphabétique.

Outre l'établissement de ces fiches, les tenanciers étaient tenus de tenir un registre sur lequel ils devaient inscrire les noms, qualités, domicile habituel, date d'entrée et de sortie et numéro de la chambre occupée par chaque voyageur. Ces registres étaient régulièrement vus et paraphés par ces autorités de police ou de gendarmerie une fois par mois.

Ce registre, une fois rempli devait être déposé à l'un de ces services où il était classé et conservé durant de très nombreuses années.

A Toulon, après de laborieuses recherches, une fiche d'hôtel au nom de Sauveur Emilien avait été découverte. Elle avait été établie le 22 août 1938 à l'hôtel du « Soleil » de cette ville. Le registre d'hôtel qui avait été rempli et déposé depuis longtemps fut recherché et trouvé. Sur celui-ci, à la date indiquée par la fiche, les policiers toulonnais devaient apprendre que Sauveur Emilien avait occupé la chambre n° 27 du 22 au 25 août et qu'il avait partagé celle-ci avec un nommé Anatole Régis, alors âgé de 19 ans. La police toulonnaise devait ajouter que, par ailleurs, le jeune homme était, également, inconnu de son service.

Immédiatement après, nous nous précipitions vers nos propres archives. Anatole Régis était fiché comme homosexuel, inverti passif, ayant déjà été poursuivi pour vol. Outre son dossier nous avions sa fiche dactyloscopique et ses photographies face et profil. Aussitôt après, la comparaison était faite entre les deux empreintes digitales qui avaient été relevées sur la bouteille de vin et celles de Régis. Immédiatement nous pouvions en faire l'application. C'était bien lui qui avait apposé ses doigts sur cette bouteille. Le crime était donc signé à 99 pour cent.

Notre joie était débordante, toutefois il y avait quand même une ombre au tableau. Régis était sans domicile fixe lorsqu'il avait été arrêté deux ans auparavant à Marseille. Où le chercher ? Il était originaire du nord de la France et nous ne savions pas où il pouvait avoir des attaches. Il ne serait certainement pas facile de le retrouver.

Il était tard dans la soirée lorsque nous avons déclanché une diffusion générale sur l'ensemble du territoire dans le but de rechercher, d'appréhender, le cas échéant, et d'aviser d'urgence la Sûreté de Marseille en cas de découverte d'Anatole Régis.

Le lendemain matin vers 8 h 30, l'organisation des contrô-les des hôtels et garnis devait encore venir à notre aide. Nous devions recevoir un message urgent du service de la Sûreté niçoise. Il était ainsi conçu : « Une fiche d'hôtel classée ce matin même à notre fichier, du contrôle des hôtels et garnis, nous a appris que Anatole Régis était descendu à l'hôtel du « Globe », rue Masséna à Nice, la veille au soir. Un inspecteur envoyé immédiatement sur place a appris que l'individu recher-ché venait de quitter l'hôtel après avoir demandé un taxi pour se rendre à la gare. Il avait même déclaré, à la réception, ne pas vouloir manquer le train de 7 h 15 pour Marseille.

Immédiatement après la réception de ce message, l'indicateur des chemins de fer « Chaix » était compulsé à l'effet de connaître l'heure d'arrivée de ce train à Marseille. Nous avions encore largement le temps de nous rendre à la gare Saint-Charles pour aller y cueillir notre présumé coupable. Grâce au signalement que nous avions de lui et à ses photographies anthropométriques, nous avons pu l'appréhender sans hésitation à la sortie des voyageurs.

Conduit dans nos locaux, très vite il devait passer aux aveux. Il devait préciser qu'il avait assassiné son ex-ami, avec lequel il avait renoué depuis peu, dans le but de voler un « magot » que la victime prétendait avoir chez elle. Après l'homicide il avait effectué des recherches dans l'appartement mais en vain. Ensuite il s'était affolé et s'était enfui sans même songer au portefeuille que la victime devait avoir sur elle.

Anatole Régis s'était rendu à l'invitation de l'industriel pour un dîner intime en emportant avec lui une massette en cuivre passée à la ceinture avec l'intention de le tuer. Il devait effec-tivement lui défoncer le crâne.

Sûr de la discrétion de son ami, quant à leurs relations inti-mes, et sûr aussi de ne pas avoir été vu avec la victime, ni même dans les escaliers de l'immeuble, le soir du crime, il était certain de ne pas être identifié par la suite. C'est ainsi que, n'ayant aucune raison de se méfier ou de se cacher, il devait remplir correctement ses fiches d'hôtel au cours de ses déplacements.

Voilà donc une affaire, qui s'était avérée très difficile, et qui a été solutionnée en un rien de temps grâce, par deux fois, à une précieuse fiche d'hôtel. Sans elles il y a de grandes chances pour que ce crime crapuleux soit resté à jamais impuni.

Jusqu'à la fin de l'année 1942, avec l'assistance du jeune Albert Le Tourneur, qui venait de débuter en qualité d'inspecteur dans la Sûreté marseillaise, je devais traiter des affaires très diverses. Meurtres, vols qualifiés, agressions, etc. L'une de celles-ci devait faire un certain bruit étant donné son importance. C'était une affaire d'association de malfaiteurs, avec un vrai chef à sa tête, qui s'était spécialisée dans les attaques à main armée des bureaux de tabacs marseillais. Elle était connue sous le nom de la bande des foulards verts.

En outre, mes chefs m'ayant découvert des aptitudes pour m'introduire dans le petit « milieu » des voyous et des facilités pour m'adapter à des emplois divers, devaient me spécialiser pour des enquêtes un peu particulières.

Il arrivait que des patrons, des chefs d'entreprises et directeurs de grands magasins, constatent des manquants importants dans leurs inventaires et en déduisent que des vols à répétition devaient être commis dans leur établissement. Dans l'incapacité de déterminer comment, quand et par qui ces vols étaient commis, ils devaient faire appel à la police.

C'est dans de pareilles situations, qu'après plainte déposée au service de la Sûreté marseillaise, en accord avec ces chefs d'entreprises, il m'était demandé de me faire embaucher dans celles-ci. Je devais occuper un poste, à ma convenance, que je choisissais, selon mes aptitudes à satisfaire les obligations exigées par cet emploi, et après avoir recherché celui qui devait me donner le plus de chances de réussite. Ma mission était de découvrir la filière délictueuse et d'identifier les coupables.

Pour ce travail spécial, j'avais l'avantage, tout en continuant à percevoir mon traitement de fonctionnaire de police, d'être rémunéré au salaire qui était dû pour l'emploi qui m'avait été confié.

Citer plusieurs de ces enquêtes, d'un caractère très particulier, qui m'ont été confiées, ne correspondrait pas au but recherché par la publication de cet ouvrage. Néanmoins, je pense qu'il convient que j'éclaire le lecteur sur la nature de celles-ci. Je me contenterai donc de relater la première que j'ai eu à traiter. Elle devait encourager mes supérieurs à m'en confier d'autres de même nature.

LE POLICIER VOLEUR

Le sous-chef de la Sûreté marseillaise était alors le commissaire principal Carris que j'estimais beaucoup et cela était réciproque car il avait pu m'apprécier lorsqu'il dirigeait le quatrième secteur avant le commissaire Henri.

Un jour le directeur d'une importante usine de peinture de la rue d'Italie, M. Roger Dufort, vint trouver le commissaire Carris pour lui dire qu'il venait de faire effectuer un inventaire de ses stocks de matières premières entreposées dans l'usine. Cette opération de contrôle lui avait permis de constater la disparition de plusieurs centaines de litres d'essence thérébentine et d'huile de lin (marchandise contingentée et de plus en plus rare). Son contremaître et lui avaient essayé de déterminer quand et par qui ces vols avaient été commis. Des surveillances avaient été exercées mais elles avaient été vaines. Il fallait donc établir comment cette marchandise pouvait sortir frauduleusement de l'usine. En conséquence, il déposait une plainte.

Notre commissaire principal, après réflexion, devait lui dire :

— Puisque vous n'êtes pas parvenu à découvrir vos voleurs,

je ne vois qu'un moyen efficace, ce serait d'embaucher un de mes inspecteurs dans votre usine. Sur place, en qualité d'ouvrier, il pourrait peut-être parvenir à un résultat positif.

M. Carris devait alors penser à moi et me fit appeler. Mis au courant de la situation et de ce que l'on attendait de moi, j'acceptais mais, toutefois, à une condition. Personne hormis M. Dufort ne devrait être au courant du rôle que j'allais jouer dans cette entreprise de peinture. L'accord fut fait et, le lundi matin, je me présentais à l'embauche vêtu comme un ouvrier, sans recherche et probablement même avec un air un tantinet voyou...

J'étais donc embauché et affecté au service « emballages ». A ce service, il y avait lieu de procéder à l'assemblage des produits finis ou bruts, en bidons ou boîtes métalliques, de les mettre en paquets ficelés ou en caisses, d'établir les bordereaux d'expédition et, ensuite, de transporter les colis au magasin « départ » de l'usine. Dans celle-ci, il y avait aussi un magasin « arrivée » où était réceptionnés tout les produits bruts destinés à la fabrication des peintures ou à la revente en gros ou en demi-gros.

A ce service il y avait trois compagnons de travail de mon âge et nous étions sous les ordres du contremaître qui supervisait tout le personnel et qui ignorait totalement le but de mon embauche. Au début ce n'était pas du gâteau pour moi. Il fallait que je me mette au courant d'un travail que je devais faire correctement. Il ne fallait pas que j'attire l'attention, ni des uns ni des autres. Je ne tardais pas à me faire des camarades. Je recherchais, même, la compagnie de ceux qui me paraissaient le plus louches. Au cours des conversations je jouais les « durs », les anti-flics. Naturellement, dans mes vêtements, au vestiaire, je n'avais dans mes poches ni carte ni insigne de police. J'avais trop peur que quelqu'un ne cherche à savoir qui j'étais. Je ne tenais pas, pour le cas où j'aurais été identifié, à être poussé dans la cage d'un monte-charge ou d'être victime de tout autre accident simulé.

A certains moments le travail était plutôt pénible pour moi. Lorsque certains camions arrivaient à l'usine chargés de sacs de 50 kilos d'ocre jaune, de rouge ou de bleu, en poudre, j'étais désigné comme d'autres, pour les décharger et les transporter sur la tête ou sur le dos. Certains de ces sacs étaient légèrement percés et le soir la douche n'était pas un luxe. Ma consolation était qu'en fin de semaine je passais à la caisse comme mes compagnons de travail. Ceci était naturellement en plus de mon traitement de policier.

Une quinzaine de jours plus tard, je ne m'étais rendu compte de rien en ce qui concernait les vols, mais j'étais au courant de mon nouveau travail et des habitudes de la maison. Ayant réalisé que j'étais assez mal placé au service des emballages, très discrètement, je l'avais dit à mon patron et je lui proposais de me faire affecter au magasin « départ ». M. Dufort était un homme très compréhensif et très sympathique. Il devait me donner satisfaction et jouer le jeu. Après avoir trouvé un prétexte pour me passer un bon « savon » devant mes compagnons de travail, je devais me retrouver magasinier au magasin « départ ». Désormais, à ce nouveau poste, il m'était possible d'avoir un bien meilleur contrôle des faits et gestes des autres ouvriers, fort nombreux dans cette usine.

Un certain jour, m'étant dissimulé derrière des caisses, j'ai eu la chance d'observer le manège d'un nommé Lucien Gobi qui m'était déjà apparu doûteux. En un premier temps, je l'ai vu dissimuler dans le magasin un gros colis. Dans un deuxième temps, deux heures plus tard, je le surpris en train de jeter le paquet derrière la ridelle d'une camionnette, découverte, qui venait tout juste dans la rue, de marquer l'arrêt devant le magasin « départ » avant de repartir immédiatement.

Une demi-heure plus tard, j'abordais Gobi seul à seul et lui dis :

— Tout à l'heure je t'ai vu faire un « travail ». Pour moi tu peux sortir toute la marchandise que tu veux, je m'en fous. Simplement, j'ai besoin de manger et je veux travailler avec toi et ton équipe.

Il me regarda sidéré, car il avait bien pris toutes ses précautions pour ne pas être vu de moi et il me dit :

— Toi alors, tu n'es pas un con ! Ecoute, j'en parlerai au chef.

Aussitôt je lui répondis :

— Je l'ai deviné, le chef c'est Louis Machia et tu travailles aussi avec Léon Berillo.

Il reconnu que c'était exact.

Un moment après, il devait me retrouver pour me dire :

— Machia veut arrêter les frais, il trouve qu'il y a trop longtemps que ça dure. Toutefois, si tu veux reprendre l'affaire à ton compte, Machia, Berillo et moi, nous te préparerons la marchandise, nous te l'amènerons dans le magasin « départ » et tu te débrouilleras. Tu te contenteras de nous faire « manger ». Je te présenterai à Massa Dominique dit « Doumé » qui travaille dans une entreprise de maçonnerie pas très loin de l'usine et qui passera quand tu le lui demanderas avec la camionnette de son patron. Lui seul connaît ceux à qui il vend la marchandise. Je te préviens, c'est un dur.

Il devait me préciser que chaque fois il sortait quatre bidons de cinq litres : deux d'huile de lin et deux d'essence de térébenthine.

Naturellement, j'acceptais et le soir-même je rendais compte au chef de la Sûreté et au sous-chef, de ce premier résultat.

Le samedi suivant Gobi me présenta « Doumé » qui attendait dans un petit bistrot de la rue d'Italie et s'éclipsa.

Doumé commanda à boire et, après un temps de réflexion
me dit :

— Tu sais, je m'étonne un peu de parler avec toi de cette
affaire alors que je ne te connais pas, mais tu sais me dit-il,
avec un mauvais sourire et en faisant le geste, je t'ai pesé et
je ne me trompe jamais.

Il devait ajouter :

— Moi, je ne connaîtrai que toi et toi tu ne connaîtras que
moi et saches que j'ai les « couillons durs comme ça ».

Et il soulignait son affirmation en frappant sur la table avec
le dos de son poing fermé.

Pour finir de le mettre en confiance, après avoir parlé de
choses et d'autres, je lui proposais de faire un gros coup et de
charger complètement un camion, la nuit. Le soir j'étais chargé
de fermer la porte cochère du magasin départ et je pouvais
la mal fermer.

C'était un récidiviste et il était mon aîné de dix ans. Il me
dit :

Mon petit si l'on fait un gros coup ce sera fini, tandis que
là nous tenons un petit filon qui peut durer longtemps. La
thérébentine et l'huile de lin était marchandise contingentée je
la « fourgue » au « noir ». En travaillant toi et moi moitié-
moitié ça nous rapportera pas mal.

Là dessus je le quittai en lui fixant le jour et l'heure de la
prise en charge du prochain colis.

Entre temps, j'avais avisé mon service et toutes dispositions
étaient prises afin que la camionnette soit prise en filature de
façon à identifier les recéleurs.

Quelques sorties frauduleuses furent effectuées comme cela
durant une quinzaine de jours.

Entre temps, tout naturellement et, pour que la confiance
règne, je fréquentais, même hors de l'usine Machia, Gobi,
Berillo.

Gobi, bien que voleur, avait un côté très sympathique. Lorsque le service connut tous les tenants et aboutissants de l'affaire, il fallut procéder aux arrestations.

A ce moment, le chef de la Sûreté voulait que je me fasse arrêter en même temps que les autres, de façon à ce que au cours des interrogatoires et manipulations entre les bureaux de police et les géôles, je puisse connaître leurs moyens de défense et le faire savoir.

A cette proposition, j'ai refusé tout net. J'ai dit au chef de la Sûreté que j'étais un policier et non un « mouton ». Je demandais au contraire à participer aux arrestations en précisant que s'il devait y avoir une réaction de l'un des individus que j'avais identifié, je devais être présent.

Un lundi matin, après la mise en route de l'usine, je me présentais avec un collègue, vêtu différemment qu'à l'accoutumé. Un chapeau mou et une cravate avaient remplacé ma casquette et ma chemise à col ouvert.

Je m'approchais des trois compères qui étaient ensemble et leur dis simplement :

— Lucien, Louis et Léon, je vous arrête.

En même temps, je soulevais le revers de mon veston pour leur montrer mon insigne d'inspecteur de la Sûreté.

Sans dire un mot, atterrés, ils nous suivirent.

La même chose fut faite avec Doumé. Celui-ci, en me voyant, me dit :

— Tu as fait « baraque » aujourd'hui (ce qui veut dire être en congé).

Je lui répondis :

— Je suis venu t'arrêter.

Il crut à une mauvaise plaisanterie de ma part. Il a fallu que mon collègue fasse mine de se fâcher pour qu'il comprenne enfin qu'il avait bien à faire à des policiers.

Dans nos locaux, j'ai éprouvé le besoin de m'expliquer

avec les quatre voleurs qui, deux surtout, n'étaient pas sans me faire un peu de peine. Je leur tins à peu près ce discours :

— Des vols étaient commis dans l'usine. Il y a eu plainte. Mes chefs m'ont désigné pour travailler dans celle-ci dans le but d'identifier les auteurs de ces vols. J'ai fait mon travail de policier. Vous ne pouvez pas m'en vouloir d'avoir réussi. J'ai joué un rôle de policier et non de « donneur ».

Le chef Machia me répondit :

— Michel, nous ne t'en voulons pas, tu nous as bien possédé « tant pis pour nous ».

Personne n'a nié les faits au cours des interrogatoires, même pas « Doumé » qui était pourtant un chevronné. De même que nous nous étions tutoyés durant plusieurs semaines, nous avons continué à le faire par habitude.

Naturellement, j'étais assez gentils avec eux et, lorsqu'après les avoir présentés au Parquet nous devions les laisser en vue d'un transfert à la Maison d'arrêt, ils me serrèrent la main et, je leur souhaitais de s'en tirer avec un minimum, en leur recommandant de ne plus recommencer.

Fin 1942, je devais faire l'objet d'une promotion particulièrement enviable pour l'époque. A compter du 1er janvier 1943 j'étais nommé inspecteur de la Sûreté nationale et affecté à la 18e Brigade de police mobile à Nice. Pour un inspecteur de police régionale d'Etat c'était un bel avancement. Etre nommé à la Sûreté nationale, appelée alors la « Grande Maison », c'était bien. Etre affecté à une brigade mobile c'était mieux.

L'existence de ces brigades remontait à 1907. On les appelait également les brigades du « Tigre » car elles avaient été créées par Georges Clemenceau avec mission de rechercher les auteurs de crimes et délits sur toute l'étendue du territoire. Il y en avait une par région. Pour la 18e brigade, c'était le département des

Alpes-Maritimes et celui des Basses-Alpes, devenu depuis celui des Alpes-de-Haute-Provence. Naturellement, les policiers qui la composaient avaient juridiction sur tous les départements français.

A ce moment, commissaires et inspecteurs étaient titulaires d'une carte de circulation en chemin de fer permanente en première classe. De plus ils avaient beaucoup plus de facilité qu'en police d'Etat pour disposer d'une voiture automobile conduite par un inspecteur-chauffeur.

En police d'Etat, les inspecteurs procédaient aux investigations, aux arrestations, aux interrogatoires, mais la procédure était entièrement tapée à la machine à écrire par des secrétaires de police. En police mobile il fallait tout faire. Inspecteurs et commissaires devaient taper leurs procès-verbaux et leurs rapports eux-mêmes. Personnellement cela m'a été pénible de me mettre à la machine à écrire et je n'aimais pas cela. Heureusement pour moi, j'ai été très vite chef de mission. Mon chef de brigade, le commissaire principal Stigny, m'avait reçu en ces termes :

— Monsieur Michel, vous arrivez comme stagiaire à la Sûreté nationale, bien que vous avez derrière vous sept années de police d'Etat. Toutefois, rassurez-vous, je ne vous prends pas pour un bleu. J'ai pris des renseignements sur vous auprès du chef de la Sûreté de Marseille et je sais ce que vous valez. En conséquence, très vite je vous donnerai un jeune inspecteur comme co-équipier et vous serez chef de mission.

Effectivement, peu après, et jusqu'à la fin de ma carrière, j'ai toujours mené les enquêtes et dicté la procédure à un collaborateur.

Depuis deux mois la zone non occupée du sud de la France l'était entièrement. Les services allemands s'étaient installés partout et le travail en police judiciaire devait s'en trouver fortement compliqué.

LES VOLS AUX FAUX POLICIERS

A cette époque, 1943, la mode n'était ni aux hold-up ni aux prises d'otages. C'était la mode des vols aux faux policiers, surtout sur la Côte d'Azur. Ces vols étaient commis neuf fois sur dix par des français auxiliaires de la gestapo. Ces individus étaient porteurs de cartes d'identité délivrées par la police allemande et d'une autorisation de port d'armes. Ils détectaient les Israélites fortunés pour les dévaliser en emportant argent et bijoux.

Sous prétexte qu'ils devaient cacher des armes ou des résistants, des perquisitions étaient effectuées par ces malfaiteurs. Au cours de celles-ci, l'argent et les bijoux passaient dans les poches de ces voyous doublés de mauvais français, ensuite, les victimes étaient laissées en liberté.

Parfois, les victimes n'étaient pas juives et les fausses perquisitions étaient faites soi-disant sous le couvert de la police française en se sachant quand même soutenus par la police allemande.

M. Stigny me confia les affaires de vols aux faux policiers à titre régional. Il me donna comme collaborateur un jeune inspecteur sympathique et dévoué qui, tout de suite, a été emballé d'apprendre le métier avec moi. C'était l'inspecteur Richeville. Avec lui, je devais mener à bien de nombreuses affaires. Très souvent, je parvenais à identifier ces spécialistes du vol aux faux policiers.

Malheureusement, à chaque fois la Gestapo intervenait et les auteurs de ces vols devaient être relâchés.

Ecœuré de voir que je me donnais beaucoup de mal pour rien, un jour je pris l'initiative de me rendre à l'hôtel « Atlantic » à Nice où se trouvait le quartier général de la « Feldgendarmerie ».

— Je suis inspecteur de la Sûreté nationale chargé des affaires de vols dit « aux faux policiers ». Dans la plupart des cas, les individus que j'identifie comme étant les auteurs de ces vols sont des français auxiliaires de la police allemande. De ce fait, ils échappent à la justice française. La Sicherheit Dienst Polizei intervient lorsqu'ils sont détenus dans les géoles de la police d'Etat, rue Gioffredo, dans l'attente de leur présentation au Parquet de Nice, et elle les fait libérer. Dans la plupart des cas il s'agit de vols que l'on peut qualifier de droit commun. Je suppose que vous êtes un officier de gendarmerie de métier et que pour vous en Allemagne comme en France le vol est un délit punissable. Il est même qualifié crime lorsqu'il est commis en réunion et à main armée. Ne trouvez-vous pas qu'il est inadmissible que des individus de mentalité douteuse profitent de leur emploi auprès de la police allemande pour se livrer à de vrais actes de banditisme relevant uniquement du droit commun.

Pour toute réponse, cet officier me dit :

— Monsieur Michel, désormais, lorsqu'il vous arrivera d'identifier des français travaillant pour un service allemand, quel qu'il soit, dans des affaires de vol de ce genre, prévenez-nous immédiatement après les arrestations. Vous verrez, grâce à notre intervention vous pourrez les garder en prison.

Peu après, cet officier devait me présenter l'adjudant Brauer, qui parlait un français sans accent, en me disant que, désormais, ce sous-officier ferait la liaison avec mon service et le sien. Jusqu'à la libération de Nice j'ai eu des rapports sympathiques avec l'adjudant Brauer. Bien qu'Allemand, il était né à Paris où il avait vécu quelques années dans sa jeunesse. Si mes souvenirs sont exacts, l'épouse et les enfants de ce sous-officier avaient été tués, dans une ville d'Allemagne, lors d'un bombardement effectué par la Royal Air Force. C'était un homme doux et très courtois. Sans aller jusqu'à une fréquentation amicale, notre sympathie était réciproque. Il ne me cachait pas que les méthodes de la Gestapo ne lui convenaient pas.

Après ma démarche, je me rendais bien compte que le fait d'avoir demandé aide et assistance à la Feldgendarmerie pour contrer la police allemande dans ses intentions de protéger les Français travaillant pour son service serait mal accepté par la Gestapo. De ce fait, j'avais conscience que je venais de me placer dans une situation qui ne serait peut-être pas de tout repos pour moi. Par la suite, je devais être à même de m'en rendre compte. Dans un cas dont il sera question dans un des chapitres suivants, j'aurais été arrêté par la police allemande sans l'intervention de la Feldgendarmerie. Le motif de mon arrestation avait été fourni à la Gestapo par un membre influent de la Chancellerie allemande de Marseille qui était à la tête d'un groupe de faux policiers à Nice.

En cette occasion, la police allemande avait dû aviser l'état-major de son intention de procéder à l'arrestation d'un policier français. C'était la coutume. Etant donné que ce même état-major devait en aviser la Feldgendarmerie, ce dernier service a pu s'opposer à mon arrestation en répondant de moi. Peut-être que la gendarmerie aux armées avait, auprès du chef d'état-major, plus de considération que la police allemande.

Effectivement, par la suite, fort du soutien de la Feldgendarmerie, je redoublais d'activité pour identifier et arrêter chaque fois que cela nous était possible les français travaillant pour la police allemande ou tout autre service de l'occupant.

J'avais alors pu me constituer un fichier clandestin qui, après la Libération, devait rendre de grands services à la Surveillance du Territoire. Mes renseignements étaient également communiqués au réseau de résistance avec lequel je collaborais.

La Côte d'Azur fut la région où se commis le plus grand nombre de vols dits « aux faux policiers ». Cette région méditerranéenne avait été tout d'abord libre puis occupée par les troupes italiennes. Longtemps elle devait constituer un refuge pour les Israélites fortunés, français ou étrangers. Vu son climat idéal, la plupart de ceux qui avaient pu quitter la zone occupée en premier, devaient se retrouver dans le département des Alpes-Maritimes. Lorsque les Allemands envahirent et occupèrent entièrement la France, ces Juifs furent traqués impitoyablement. Les français auxiliaires de la police allemande, surtout, s'acharnèrent à les découvrir pour les dépouiller. La plupart du temps ils opérèrent pour leur compte personnel. Quelquefois de complicité avec des Allemands.

Ils se présentaient au domicile des juifs et, sous la menace du revolver, y raflaient les objets de valeur qu'ils y trouvaient.

La première affaire de faux policiers remontait au 21 décembre 1942. Le mois avant mon affectation à Nice. Il y en a eu ensuite, à ma connaissance, une soixantaine. Certaines victimes préférant ne pas déposer de plainte de peur, de surcroît, d'être déportés. J'ai été chargé, personnellement de quarante-deux affaires. Dans plus de la moitié, j'ai pu identifier ou arrêter les auteurs de ces méfaits qui, en quelques mois, raflèrent un nombre impressionnant de millions en bijoux, joyaux et numéraires.

Il serait fastidieux d'énumérer ici tous les vols aux faux policiers qui ont été commis ou que j'ai eu à traiter dans la région niçoise, en Principauté monégasque et sur la Côte d'Azur en général. Je ne parlerai dans cet ouvrage que des affaires les plus marquantes.

LES MARINS DE LA KRIEGSMARINE
FAUX POLICIERS

Je veux parler maintenant d'une affaire qui sortait de l'ordinaire car, aux faux policiers français s'étaient joints, cette fois, deux sous-officiers allemands de la Kriegsmarine.

Au 245 de la rue de France vivait, dans une crainte perpétuelle, un riche juif italien nommé Mario Lévy. Le 28 mars 1944, à 20 heures, six individus se présentèrent chez lui, disant être envoyés par la Gestapo pour effectuer une perquisition. Quatre étaient en civil, deux étaient en uniforme de la marine de guerre allemande.

Au cours de leur fouille les malfaiteurs ne découvrirent ni or, ni bijoux et aucune somme importante.

— Nous voulons de l'argent ! dirent-ils à M. Lévy.

— Je n'ai rien ! Vous avez pu vous en rendre compte.

— Débrouillez-vous ! Sinon nous allons vous tuer !

M. Lévy eut alors l'idée d'aller emprunter 10.000 F à un voisin pour les remettre aux faux policiers.

— Vous voulez rire, dit l'un d'eux, en empochant la somme. Il nous faut 500.000 F. Nous reviendrons les chercher demain à 22 heures. Si vous n'avez pas l'argent vous êtes un homme mort. Surtout pas question de prévenir la police française.

M. Lévy était convaincu d'avoir affaire à la Gestapo et il prit la résolution de trouver de l'argent en se gardant bien de prévenir la police française.

Le plan des faux policiers aurait réussi si un voisin de M. Lévy n'avait pris sur lui de prévenir la brigade mobile. Une affaire de vol aux faux policiers, c'était ma spécialité. Il fallait organiser une souricière. Toutefois la présence de deux officiers mariniers de la Kriegsmarine n'était pas sans nous donner du souci à mes camarades comme à moi. En effet, dans le cas où nous aurions été obligés de faire usage de nos armes, nous aurions eu bonne mine vis-à-vis de la Gestapo si nous avions descendu deux militaires du Reich. Je savais déjà que je n'étais pas en odeur de sainteté avec ce service depuis que je me faisais épauler par la Feldgendarmerie.

L'inspecteur Portal, un ami d'enfance, qui pour la circonstance était venu prêter main-forte, mon fidèle co-équipier et moi, nous nous présentâmes chez M. Lévy bien avant l'heure fixée par les malfaiteurs. Auparavant, j'avais pris soin de disposer trois inspecteurs dans la rue aux abords de l'immeuble, à toutes fins utiles.

C'est presque avec terreur que le pauvre M. Lévy nous vit arriver chez lui en nous disant :

— Je vous en supplie n'intervenez pas, je vous assure c'est vraiment la « Gestapo ». Il y va de notre vie à tous.

Après l'avoir calmé, nous nous dissimulâmes dans une pièce attenante au hall d'entrée. A 22 heures sonnantes, le timbre de la porte d'entrée retentit. M. Lévy alla ouvrir. C'était les deux officiers mariniers allemands en uniforme. Les Français, beaucoup plus méfiants et plus vicieux avaient jugés plus prudent de laisser monter les Allemands seuls.

— Haben sie das Geld ?

— Oui, répondit M. Lévy, suivez-moi.

Les deux « Kriegsmarines », revolver au poing, suivirent l'israélite italien. Ils n'avaient pas fait trois pas que mes collègues et moi nous intervenions. Les deux marins allemands, éberlués, jetèrent leurs armes sur le carrelage avec fracas et se fixèrent en un garde-à-vous impeccable. Ils furent aussitôt menottés.

Nous nous apprêtions à emmener les prisonniers lorsque en bas, dans la rue, une fusillade crépita. C'était les faux policiers qui se bagarraient avec les vrais... qui avaient été placés en surveillance aux abords de l'immeuble.

Les complices français des deux marins étaient trois. Ils furent interpellés quelques minutes après l'entrée des marins allemands dans l'immeuble.

Aussitôt les trois malfaiteurs en civil prirent la fuite en couvrant leur retraite par un tir désordonné et dangereux. Presque immédiatement nos colègues eurent une grande surprise. Ils virent l'un des fuyards ajuster un complice et le tuer net, presque à bout portant, d'un coup de revolver. La victime, nous l'avons su plus tard, était un nommé Paul Pasteur. Nous avons supposé qu'il s'agissait probablement de l'indicateur de ce vol et que ses complices avaient cru qu'il les avait « donné » aux policiers.

Un autre malfaiteur devait être blessé, mais par les policiers qui, eux aussi, avaient fait usage de leurs armes. Des traces de sang sur le trottoir l'attestaient. Néanmoins il était parvenu à prendre la fuite.

Dans la nuit les deux marins allemands se « mirent à table ». D'après eux, M. Lévy n'en aurait pas eu fini malgré le versement des 500.000 F promis. Les trois français seraient monté à leur tour et auraient demandé une somme supplémentaire de 300.000 F.

Dans le cas où M. Lévy n'aurait pas pu payer, les français avaient promis de lui réserver un mauvais sort.

Par ces deux Allemands nous avons appris les noms de leurs complices français. Ceux-ci jugèrent prudent de se mettre immédiatement en « cavale » en quittant Nice sur le champs. Les aveux circonstanciés des deux militaires permirent la solution de plusieurs affaires de faux policiers exécutées par la même équipe. Ils furent remis aux feldgendarmes.

Par la suite la Feldgendarmerie devait m'informer du fait que les deux sous-officiers allemands avaient été déférés à un tribunal militaire et qu'ils avaient été condamnés à la peine de mort.

L'ASSASSINAT DU CHEF DE LA MILICE

Ma spécialisation dans les vols aux faux policiers ne me dispensait pas d'effectuer de temps en temps des missions de huit à dix jours dans le département des Basses-Alpes. La 18e brigade mobile était une petite brigade qui n'avait dans son ressort que deux départements : les Alpes-Maritimes et les Basses-Alpes. C'était un peu à tour de rôle que des équipes de deux inspecteurs partaient dans ce dernier avec mission de traiter les affaires qui leur étaient confiées soit par réquisitions du Procureur de la République, soit par commissions rogatoires du juge d'instruction de Digne (Basses-Alpes).

C'est au cours d'une de ces missions, fin 1943, qu'assisté d'un jeune collègue, l'inspecteur Epel, j'ai été amené à prendre une grave responsabilité dans une affaire importante. Notre petite équipe était dotée, depuis Nice et pour tout le séjour, d'une voiture à gazogène conduite par un inspecteur-chauffeur. L'essence était rare et plusieurs automobiles du service avaient été transformées afin que leur moteur tournent au gaz produit par la combustion du charbon de bois. Chaque matin c'était une réelle corvée pour le chauffeur pour réallumer le charbon et effectuer la première mise en route.

Il y avait quatre jours que nous travaillions dans ce département bas-alpin et nous nous trouvions à l'hôtel à Digne lorsque notre commissaire divisionnaire, M. Métard, nous faisait parvenir un message de Nice. Il nous demandait de nous rendre d'urgence à Manosque. Le chef de la milice de cette riante petite ville de 15.000 habitants environ, M. Ratiesi, venait d'être assassiné. Son cadavre avait été découvert sur le territoire de la commune de Sainte-Tulle, limitrophe de celle de Manosque. C'était le 20 décembre 1943.

Le chef de la Milice avait déjà été victime d'un attentat dans la nuit du 2 au 3 septembre de la même année. Rentrant du cinéma en compagnie de son épouse, un homme l'attendait à proximité de son domicile à Manosque, et lui tira trois balles de revolver qui l'atteignirent aux jambes. Ripostant aussitôt, Ratiesi logea trois balles de pistolet dans la poitrine de son adversaire qui fut tué.

Mon collègue et moi-même savions que les services de la Milice de la région et particulièrement celui de Marseille étaient sur les dents. Les miliciens de cette ville étaient même exaspérés. En effet, ils venaient d'être très éprouvés par un attentat commis à Nice trois semaines auparavant. Au cours de celui-ci cinq miliciens avaient été tués et cinq autres blessés. Cela s'était passé le 28 novembre. Dans l'après-midi de ce jour-là, Darnand, chef national de la Milice et Philippe Henriot, ardent propagandiste de la politique du gouvernement de Vichy, étaient venus tenir une importante conférence au Palais des Fêtes à Nice.

Dans la soirée, environ 200 jeunes miliciens, venus de plusieurs régions, s'étaient réunis pour dîner au restaurant « Maréchal » qui était celui de la Légion française des combattants, 17, rue Pertinax à Nice. Après le repas, ces miliciens devaient se rendre à la gare afin de regagner leur pays d'origine.

Vers 19 h 30, l'obscurité dans la rue était presque totale avec l'éclairage de guerre qui était très réduit. Au moment où un groupe de miliciens marseillais s'apprêtaient à quitter l'établissement, ils entendirent un léger roulement sur le sol, comme si une boule de pétanque venait d'être lancée. Aussitôt après il y avait une explosion et dix hommes étaient étendus sur le sol. Cinq miliciens étaient morts ou allaient mourir, six autres étaient blessés. C'est une grenade défensive française qui venait d'être lancée.

Cet attentat ne fut pas une attaque de front, franche et hardie menée par un ou plusieurs hommes. Aux dires des témoins s'étant retrouvé indemnes à l'intérieur, cet acte ne pouvait qu'être le fait d'un seul individu ayant pris très peu de risques avant de s'enfuir dans la nuit. Il devait profiter de la confusion extrême qui régnait dans le restaurant immédiatement après l'explosion.

L'enquête fut confiée au commissaire Isnard, chef de la section politique de la 18e brigade mobile à Nice. Celle-ci ne put déterminer par qui et comment la grenade avait été lancée comme une boule à jouer. Etait-ce par un piéton, de l'angle de la rue voisine très proche, de la porte de l'immeuble en face, ou bien par un cycliste ayant immédiatement pris la fuite dans l'obscurité ? Le résultat de l'enquête fut négatif. Après la Libération cet attentat devait être revendiqué par un groupe franc local appartenant à un mouvement de résistance.

Les cercueils des victimes furent exposés, tout d'abord, à d'Hôtel de la Milice, 33, boulevard Victor-Hugo à Nice, où une chapelle ardent avaite été dressée. Le public fut admis à défiler devant les cercueils. Une cérémonie officielle eut lieu avec les membres du clergé. Chaque cercueil, recouvert du drapeau tricolore fut ensuite porté dans un fourgon entre une double haie de miliciens qui rendaient les honneurs. Les corps devaient être transportés à Marseille où des obsèques officielles furent célébrées en l'église des Réformés, en présence du préfet régional. C'était une très grosse affaire qui avait fait beaucoup de bruit.

Après cette exécution, à Manosque, c'était donc un sixième milicien de tué dans la région et, de plus, c'était un chef, âgé d'une quarantaine d'années, qui était très considéré. Cet assassinat était un peu la goutte d'eau qui fait déborder le vase. Il devait provoquer, humainement, un légitime désir de vengeance et de représailles au sein du service de la milice de Marseille.

Il nous fallait donc enquêter sur ce nouvel attentat à Manosque. Sur place nous apprenions que le corps du chef de la milice avait été découvert, à 15 heures, sur le terrain d'une ferme, juste au pied du remblai de la voie ferrée. Une rapide enquête préliminaire nous permettait d'établir que la victime était poursuivie par des hommes tirant sur elle. Ratiesi était parvenu au sommet du talus de la voie ferrée, tout près de se soustraire à la vue de ses poursuivants, lorsqu'il fut atteint dans le dos. Il devait s'abattre de l'autre côté de la voie, sur un tas de fumier, pour mourir.

Après avoir recueilli ces premiers renseignements nous devions retourner à Digne pour faire le point avec le Parquet. Une information devait être ouverte, immédiatement contre X et une commission rogatoire m'était délivrée m'habilitant à effectuer toutes opérations utiles en vue de la manifestation de la vérité.

Bien entendu, mon collègue et moi, nous nous rendîmes compte tout de suite que cet assassinat ressemblait terriblement à une exécution par les gars du Maquis. La Résistance était très active dans ce département bas-alpin. Quoi qu'il en soit nous avions le devoir de faire notre enquête et de pousser les investigations afin d'avoir confirmation de notre hypothèse et d'en déterminer le mobile exact. A nous de prendre nos responsabilités dans le cas d'une identification formelle du ou des coupables si nous nous trouvions en présence d'une action ordonnée par la Résistance.

Notre première opération, pour mon collègue et pour moi, fut d'assister à l'autopsie du corps de Ratiesi. Elle fut pratiquée à la morgue de l'hôpital civil de Manosque par un médecin de la ville. Au cours de cette opération nous devions constater que le chef de la milice n'avait été atteint que d'un seul projectile. Alors qu'il était plié en deux, au sommet du ramblai de la voie ferrée, la balle, dans une trajectoire ascendante et transfixiante, l'avait atteint à la base du dos pour ressortir au sommet de la poitrine, à la hauteur d'une clavicule, occasionnant, au passage, de gros dégâts internes. L'examen du bol alimentaire devait nous permettre d'établir que Ratiesi avait été tué la veille de sa découverte vers 21 heures.

Notre enquête suivait son cours. Nous avions déjà entendu sous la foi du serment de nombreuses personnes, tant à Manosque qu'à Sainte-Tulle, lorsque nous avons appris, incidemment, qu'après les obsèques du chef de la milice, qui avait été inhumé à Peyrolles, localité voisine, un fait important s'était produit. Des miliciens venus de Marseille pour assister aux funérailles avaient appréhendé un nommé Leporis Auguste qui, de notoriété publique, devait appartenir à la Résistance. Ce dernier avait été conduit à Marseille.

Cette affaire n'étant pas la nôtre nous devions continuer notre enquête sans nous en préoccuper. Celle-ci était rendue très difficile du fait de son caractère particulier. Toutes les personnes susceptibles de nous aider par des témoignages avaient un « bœuf » sur la langue.

Il y avait huit jours que Ratiesi avait été inhumé et que nous piétinions sur cette affaire lorsque notre divisionnaire nous faisait parvenir le message suivant :

« La milice de Marseille m'a fait savoir qu'elle tenait à la disposition de mon service le nommé Leporis qu'elle détenait depuis huit jours, caserne principale de la milice au Chemin des Olives. Leporis, au moment de son arrestation, avait été trouvé porteur d'un carnet sur lequel était dessiné une grille de déchiffrage de textes codés et d'un bout de papier sur lequel était inscrit trois phrases conventionnelles de la B.B.C. (Radio de Londres), il serait susceptible d'avoir participé à l'assassinat du chef de la milice de Manosque. »

Ordre m'était donné de me rendre à Marseille, avec la voiture du service, de prendre en charge Leporis, de le ramener dans les Basses-Alpes, de le placer en garde à vue prolongée à la gendarmerie de Manosque. Ensuite il m'était demandé de me livrer à une enquête approfondie à l'effet d'établir l'éventuelle participation de Leporis dans cet homicide volontaire. Dans un cas positif, je devais le présenter au juge d'instruction de Digne. Dans la négative, il m'était demandé d'apprécier si cet homme appartenait à la Résistance et si oui je devais demander son internement administratif. Dans le cas contraire, je devais le relâcher purement et simplement.

J'estimais que c'était beaucoup de responsabilités que l'on me demandait de prendre. A ce moment, bien que chef de mission, je n'avais encore pas la qualité d'O.P.J. (Officier de Police Judiciaire, auxiliaire du Parquet). Néanmoins, comme beaucoup d'autres collègues simples inspecteurs, j'agissais comme si je l'avais. Ceci au vu et au su de tous y compris des magistrats du Parquet. Je dois dire qu'à cette époque lorsqu'il s'agissait de traiter des affaires critiques, que ce soit pour les risques à courir ou pour de graves responsabilités à prendre, c'était trop souvent les « petits » que l'on faisait marcher. Trop nombreux étaient les chefs qui jugeaient plus prudent de désigner de simples inspecteurs plutôt que de se « mouiller » personnellement ou d'exposer des collègues de leur catégorie.

Ainsi donc, avec mon collègue Epel et notre chauffeur, nous nous rendions de Manosque à Marseille où nous arrivions dans la matinée. A la caserne de la milice, on devait nous remettre Leporis avec sa « fouille » qui comprenait un peu d'argent, un canif, un carnet sur lequel était dessiné une grille de déchiffrage et enfin un carré de papier blanc sur lequel était inscrites trois phrases dans le genre de celles que l'on entendait tous les jours à la B.B.C. et qui étaient prononcées par les speakers de la France Libre.

Au moment de sa prise en charge, devant les miliciens, nous avons passé les menottes à Leporis. Nous devions les lui enlever tout de suite après. Le trajet avec notre voiture à gazogène a été long. Durant plusieurs heures nous avons pu bavarder gentiment avec cet homme d'un aspect sympathique, dans la trentaine. Leporis respirait mieux depuis qu'il avait quitté la milice. Il était soulagé et se sentait en sécurité. Il nous apprit que les miliciens l'avaient enlevé dans le but évident de l'exécuter en représailles pour l'assassinat du chef de la milice. Toutefois, ils s'étaient « dégonflés » et n'avaient pas osé mettre leur projet à exécution. A ses dires, presque chaque matin il était réveillé brutalement et on lui disait : « Prépare toi, on va t'exécuter ! ».

Puis, après un peu de « cinéma » c'était partie remise. Durant huit jours il devait subir la douche écossaise, se demandant toujours s'ils allaient finir par le tuer.

En cours de route nous devions nous arrêter un moment pour prendre un demi de bière dans un bistrot avec Leporis. Ce n'est qu'en fin d'après-midi que nous arrivions devant la gendarmerie de Manosque où nous devions faire garder à vue notre prisonnier. Effrayé, le commandant de brigade me dit :

— Monsieur Michel, si Leporis passe la nuit ici, à la gendarmerie, nous serons attaqués par les maquisards qui voudront le libérer !

Peu après, je rendais compte par téléphone à M. le Procureur de la République à Digne au sujet des craintes manifestées par le commandant de brigade. Ce magistrat me suggéra alors de conduire Leporis à Digne pour le placer en garde à vue à la caserne départementale de gendarmerie. Ainsi, donc, c'est à Digne que nous devions arriver assez tard dans la soirée.

Le lendemain et les deux jours suivants je devais interroger Leporis en vertu de ma commission rogatoire. Nous devions faire des navettes entre Digne et Manosque pour effectuer diverses vérifications à la suite de ses déclarations. Nos investigations ne nous permirent pas d'établir si cet homme avait participé d'une façon quelconque à l'assassinat du chef de la milice.

En ce qui concernait son appartenance à la Résistance, c'était tout autre chose. Au cours d'un de ses interrogatoires par procès-verbal et sous la foi du serment j'avais été tenu de l'interpeller au sujet de la grille de déchiffrage ainsi que sur les phrases conventionnelles trouvées sur lui. A ce sujet Leporis nous a donné des explications, pour justifier sa non-apportenance à la Résistance, que j'aurais souhaitées plus convaincantes. En ce qui concernait la grille de déchiffrage, à ses dires, il avait appris une méthode assez simpliste, d'ailleurs, pour mettre en clair des textes codés grâce à cette grille, durant son service militaire. Pour passer le temps il lui arrivait encore de jouer à déchiffrer, avec cette méthode et un partenaire comme l'on peut jouer aux mots croisés.

En ce qui concernait les phrases qui paraissaient être conventionnelles et qui avaient été écrites sur un petit bout de papier, il ne se souvenait pas en quelle occasion et pour quel motif il les avait écrites. Le tout était peu vraisemblable.

En outre il me fallait tenir compte des circonstances et du motif de sa capture par la Milice. Cette force de police parallèle avait été créée par Darnand afin de collaborer étroitement avec les allemands dans la lutte contre la « Résistance ». Pourquoi ce service avait-il arrêté Leporis plutôt qu'un autre ? Les miliciens avaient leurs mouchards à Manosque. Il m'apparaissait que s'il avait été choisi pour d'éventuelles représailles, c'était parce il avait été désigné comme étant le personnage le plus marquant parmi les suspects d'appartenir à la Résistance dans cette petite ville.

Pour moi il ne faisait aucun doute que Leporis, bien que n'ayant jamais pris le maquis devait travailler pour la clandestinité agissante de la région. Il était clair que je devais conclure dans ce sens et d'après les ordres reçus demander son internement administratif.

La responsabilité que je devais prendre me paraissait écrasante. Par cette proposition j'étais sûr que Leporis serait pris en charge par les allemands et probablement déporté peut-être même fusillé. Dans le cas contraire, tous les risques étaient pour moi. Je comprenais très bien que les miliciens qui avaient perdu leur chef à Manosque et l'état-major de Marseille devait attendre ma décision. En le libérant malgré tout ce qui précède, je redoutais d'être signalé aux Allemands comme mauvais français et pour un policier favorisant les « terroristes ». Je courais le risque d'être arrêté par la Gestapo et d'être déporté en Allemagne. Je dois reconnaître qu'afin d'éviter d'encourir de tels risques j'aurais aimé que ce soit mon divisionnaire qui prenne une décision. Dans ce but je lui téléphonais à Nice. Il devait me répondre qu'étant sur place et ayant procédé personnellement à l'enquête, j'étais plus qualifié que lui pour prendre une décision.

En conséquence ma résolution fut prise. Je décidais de conclure, dans un rapport, à la non-appartenance de Leporis à la Résistance en estimant que les éléments qui avaient été recueillis à son encontre n'étaient pas convainquants et qu'ils ne constituaient pas des preuves suffisantes et qu'en conséquence je procédais à sa libération.

Un matin, à 7 heures, à la caserne départementale de la gendarmerie des Basses-Alpes, en présence du Procureur de la République de Digne, Leporis fut libéré. Ce magistrat qui était conscient de la responsabilité que je venais de prendre, devait lui dire :

— Vous pouvez remercier l'inspecteur Michel, car c'est à lui et à lui seul que vous devez votre libération.

Ce n'est que très longtemps après, à Manosque, que je devais apprendre que Leporis avait vraiment été un résistant. C'est par le colonel Jean Vial, qui avait été sous-chef de la Résistance des Basses-Alpes, dont Martin Brès était le chef, que j'ai appris qu'effectivement, au moment des faits, fin 1943, Leporis avait été un agent très actif de la Résistance Basse-Alpine, dans les rangs des F.T.P.F.

Je ne devais rien apprendre de plus sur l'identité de ceux qui avaient abattu le chef de la Milice de Manosque.

LA FUITE
POUR UN SAC DE POMMES DE TERRE

De retour à Nice, après une vingtaine de jours passés dans les Basses-Alpes, mon divisionnaire devait me féliciter pour ma décision courageuse en ce qui concernait Leporis et il manifesta sa satisfaction sur le fait que l'enquête, en ce qui concernait l'exécution du chef de la Milice n'ait abouti à aucun résultat. Durant les jours qui suivirent j'étais inquiet et constamment sur le qui-vive. Je craignais une intervention des Allemands. Cet état d'esprit fut responsable d'une petite aventure, assez comique, qui m'arriva huit jours plus tard.

J'habitais, à Nice, boulevard Auguste-Raynaud, au rez-de-chaussée de mon immeuble. A six heures du matin j'étais réveillé en sursaut par la sonnerie de la porte d'entrée de l'appartement. Extrêmement méfiant, je me précipitais vers la fenêtre de la salle de séjour qui donnait sur le boulevard. Au travers des lamelles des volets qui, étant donné leur inclinaison vers le bas, ne permettaient qu'une vue très plongeante, je n'apercevais que le bas de caisse d'une grosse voiture ou camionnette de couleur kaki. J'avais déjà vu de gros véhicules de l'armée allemande qui était surtout utilisés par l'Africa Korps. Pour moi, aucun doute, on venait m'arrêter.

En quelques secondes je passais une veste et, en pantalon de pyjama, nu pieds et mon pistolet 7,65 mm passé à la ceinture, je prenais la fuite par la fenêtre de la cuisine donnant sur une petite cour-jardin de l'immeuble. De là, rapidement, je sautais plusieurs clôtures de jardinets pour me retrouver dans une petite rue parallèle à mon boulevard et à 100 mètres de celui-ci. Aussi mal accoûtré, sans argent ni papiers, portefeuille et porte-papiers ne se trouvant pas dans cette veste, je voulais guetter le départ des allemands pour regagner mon logis le temps de m'équiper un peu mieux avant de me mettre définitivement en « cavale ».

Après un assez long détour, j'avais enfin la visibilité sur mon boulevard. Devant mon immeuble il n'y avait plus de véhicule. Néanmoins je pensais que des allemands pouvaient être restés dans l'appartement. En rasant les murs je me glissais jusqu'au sous-sol de notre immeuble où se trouvait la loge de la concierge. Je lui demandais d'aller voir mon épouse sous un prétexte quelconque et de revenir me dire si elle était seule avec mon fils ou s'il y avait des allemands dans l'appartement. Trois minutes plus tard elle revenait me dire que ma femme était seule. Aussitôt après j'étais chez moi et là, il y avait de quoi rire, j'apprenais que l'on venait de me livrer un sac de pommes de terre.

Un mois avant j'avais été amené à entendre un grossiste en pommes de terre pour une tentative de vol aux faux policiers. En cette occasion je lui avait dit qu'il avait beaucoup de chance en période de restriction, si dure à Nice, de pouvoir se faire des « frites » lorsqu'il le désirait. Cet homme avait voulu me faire plaisir et, sans me prévenir de cette livraison-cadeau, il avait voulu me faire une bonne surprise. Bien sûr, si le bas et la couleur de sa fourgonnette ressemblait étrangement à certains véhicules de l'armée allemande, il n'y pouvait rien et si son chauffeur était si matinal, non plus. Les patates étaient tellement les bienvenues que je ne gardais pas un trop mauvais souvenir de cette fausse alerte.

TUERIE SUIVIE D'UN CARNAGE A NICE

Quelques temps après, à Nice, il y eut une triste et douloureuse affaire qui devait se dérouler en trois phases. Le 18 mars 1944, vers 20 h 45, trois gardiens de la paix cyclistes effectuaient une ronde de surveillance route de Turin, à proximité des abattoirs de la ville. Leur attention fut attirée par deux individus roulant également en vélo. L'un d'eux n'avait pas d'éclairage sur sa bicyclette. De ce fait il se trouvait en infraction.

Ces deux cyclistes qui, par ailleurs, avaient une allure assez suspecte furent interpellés. Les papiers d'identité furent demandés au contrevenant et un policier les examina avec une lampe de poche. Deux gardiens avaient posé leur vélo sur le sol, pour s'approcher des deux suspects, tandis que le troisième demeurait sur le sien avec un pied à terre. La carte d'identité paraissait douteuse.

Soupçonneux, l'un des gardiens voulut fouiller à corps l'homme qui était en infraction. Mal lui en pris car son compagnon, un peu à l'écart, dégaina un pistolet et abattit les deux gardiens qui se trouvaient près de lui en leur tirant dans le dos.

Touchés à mort, ils s'effondrèrent tandis que celui qui était resté sur son vélo était blessé à son tour au bras et à la cuisse avant d'avoir pu sortir son arme de son étui. Lorsqu'il fut en état de riposter, les deux agresseurs avaient disparu dans l'obscurité après avoir sauté sur leurs bicyclettes.

Les deux gardiens abattus devaient mourir, l'un dans les heures qui suivirent, l'autre plusieurs jours plus tard. Peu après celui qui n'avait été que blessé put raconter avec exactitude ce qui venait de se passer. La carte d'identité du contrevenant était restée entre les mains d'un des collègues mortellement atteint. Elle avait établi au nom de Charnier. C'était la fin de la première phase.

Une demie heure plus tard, la permanence de nuit de la section judiciaire du service de la Sûreté de Nice était alertée. Elle se composait de l'inspecteur sous-chef Maury, de la police d'Etat et de trois inspecteurs. Après avoir entendu le gardien blessé, les policiers étaient en possession de la carte d'identité abandonnée par l'un des agresseurs. C'était là un élément de recherche capital.

L'inspecteur sous-chef qui dirigeait la petite équipe était un très bon policier et c'était aussi un « fonceur ». Très vite il établit que l'identité de Charnier était fausse mais que l'adresse portée sur la carte était bonne. Après vérification il s'avéra que l'homme recherché ne demeurait plus là depuis plusieurs jours. Sur place les policiers s'accrochèrent et ils purent recueillir des renseignements leur permettant d'identifier deux camarades de Charnier.

Sans désemparer, des recherches furent faites aux archives régionales de police de la rue Gioffredo. Au service des meublés et garnis, les enquêteurs découvrirent des fiches récentes, aux noms des deux camarades de Charnier, qui venaient d'être identifiés. Elles révélaient que les deux hommes occupaient un appartement meublé dans l'immeuble situé 7, rue de France à Nice. Naturellement il apparaissait tout de suite aux policiers que les deux agresseurs pourraient très bien se trouver à cette adresse.

A ce moment des recherches, l'inspecteur sous-chef rendit compte à ses supérieurs. C'était le milieu de la nuit mais vu l'importance de l'affaire, M. le Procureur de la République se trouvait présent à l'hôtel de police, avec notre commissaire divisionnaire, M. Métard, chef du service régional de police de Sûreté qui, à cette époque, avait à la fois la direction de la 18e Brigade régionale de police mobile et celle de la section judiciaire de la Sûreté niçoise. Il y avait aussi le commissaire principal Massi, chef de la Sûreté.

Ordre fut donné à l'inspecteur sous-chef de permanence de se rendre immédiatement 7, rue de France et d'effectuer un contrôle général de ce meublé. Pour accomplir sa mission, outre ses trois inspecteurs, un renfort de quatre gardiens de la paix lui était accordé.

Pour le chef de mission il n'y avait que peu d'espoir de retrouver à cette adresse les deux tueurs de la route de Turin. Il essayait de se mettre dans la peau de Charnier. Ce dernier savait qu'il avait abandonné sa carte d'identité dans les mains des gardiens. Bien qu'il n'habite plus à l'adresse qui y était indiquée, il devait, logiquement, penser que les policiers ne manqueraient pas d'identifier les amis qui y avaient demeuré et que par eux il serait facile de remonter la filière pour aboutir à leur nouvelle adresse. Malheureusement pour tous, « Charnier » avait manqué de perspicacité.

Très rapidement le petit groupe fut devant le numéro 7 de la rue de France. Cet immeuble de trois étages se composait uniquement d'appartements meublés. Ne sachant pas où se trouvait exactement celui qui était occupé par les amis de « Charnier », les policiers se livrèrent à un contrôle général en partant du rez-de-chaussée. Arrivés au troisième étage ils frappèrent à une porte ne comportant aucune indication sur l'identité de l'occupant. Celle-ci s'ouvrit et les policiers se trouvèrent en présence de deux hommes. L'un d'eux fut immédiatement reconnu par l'inspecteur sous-chef. Il correspondait exactement à la description qui avait été faite, par le gardien blessé, de celui qui avait tiré.

Seuls l'inspecteur sous-chef, un inspecteur et un gardien pénétrèrent dans l'appartement. Les autres, en trop grand nombre, restèrent dans le couloir. C'est au moment où on allait passer les menottes aux deux hommes que les policiers furent surpris par le tir d'un troisième individu dissimulé au fond de la pièce. Par la suite il devait être identifié comme étant « Charnier ». Un inspecteur et un gardien étaient abattus sur le coup et l'inspecteur sous-chef avait la cuisse traversée. Sur le point de passer les menottes, il avait celles-ci dans la main droite et le pistolet dans l'autre. Le temps de changer de main pour riposter et « Charnier » jetait une grenade italienne aux pieds des trois policiers qui furent encore atteints par des éclats, tandis que l'homme qui se trouvait avec l'agresseur qui venait d'être reconnu était tué sur le coup.

Dans la confusion des événements, l'inspecteur sous-chef fit feu sur le forcené qu'il pensait avoir atteint. Devant l'emploi de tels moyens offensifs, grièvement blessé et ne sachant plus très bien combien d'adversaires se trouvaient dans l'appartement, il eut le réflexe de se replier par la porte proche de lui et demeurée ouverte. Il se mettait à l'abri dans le couloir ne pouvait qu'abandonner ses deux malheureux collègues déjà morts.

Très rapidement il demanda aux policiers restés dehors de se mettre sur la défensive et de faire le siège de l'appartement dans l'attente de renfort et de moyens plus efficaces.

Ce policier perdait du sang en abondance. Il avait besoin de soins urgents. Il reprit lui-même une voiture du service et se rendit à la Sûreté pour donner l'alerte générale.

Aussitôt après, l'inspecteur sous-chef était transporté à l'hôpital et hospitalisé.

Par la suite il put constater que malgré tout il l'avait échappé belle. En effet un projectile qui l'avait frappé en haut et à droite de la poitrine s'était écrasé sur sa plaque de police qu'il portait sous le revers de sa veste. Un deuxième fut dévié de sa trajectoire par la boucle en métal de sa ceinture. C'était la fin de la deuxième phase.

Au commissariat central, tout le personnel en tenue récupérable, fut mobilisé et envoyé sur les lieux. Les policiers avaient alors des grenades lacrymogènes. Certaines furent jetées, depuis les toits, dans l'appartement assiégé, par les fenêtres qui étaient ouvertes. Ce fut alors le siège d'un véritable fort Chabrol. Les assiégés jetèrent encore une grenade sur la chaussée où se trouvaient des policiers. Heureusement il n'y eut pas de victimes. Longtemps des coups de feu furent échangés et le faux Charnier fut abattu.

Après plusieurs heures de siège, le dernier des trois hommes se trouvant dans l'appartement était blessé à la tête. A l'intérieur de celui-ci l'air n'était plus respirable. Devant la fenêtre il leva enfin les bras pour signaler qu'il se rendait.

Par la suite il fut établi que les membres de cette équipe étaient des Résistants appartenant à un groupe de F.T.P. (Franc-Tireurs et Partisans). A cette époque ils étaient qualifiés de « terroristes ».

Aux dires des policiers ayant échappé à la mort, à aucun moment durant les deux premières phases de cette tragédie, il n'avait été possible d'imaginer que ces tueurs étaient des Résistants. Le fait de tirer dans le dos de deux policiers, qui intervenaient simplement pour une simple contravention ne pouvait être interprété comme un acte de résistance à l'envahisseur. Les policiers ne pouvaient considérer ces deux tueurs que comme de dangereux malfaiteurs de droit commun. En intervenant peu après dans ce meublé de la rue de France, inspecteurs et gardiens de la paix étaient toujours dans le même état d'esprit.

Au cours de la troisième phase, il devenait perceptible que les assiégés ne pouvaient être que des « terroristes ». Toutefois, à ce moment, les choses étaient allé si loin que même s'il y avait parmi les assiégeants des policiers de cœur avec la Résistance (la vraie), une seule chose comptait. Des collègues, des pères de famille avaient été massacrés injustement et très lâchement. Force devait rester à la loi.

Dans les heures qui suivirent cette horrible tuerie, les trois assiégés étaient identifiés. Celui qui avait été tué par la grenade jetée par « Charnier » était de nationalité italienne, de même que celui qui avait demandé le cessez-le-feu. Les deux étaient porteurs de faux papiers. Le troisième, certainement le chef, blessé à mort, il devait mourir peu après. C'était un arménien. Il était porteur de faux papiers. Les policiers devaient établir que Charnier était en réalité Dermadirossian Nicham, né à Constantinople, de nationalité turque. Il demeurait habituellement à Marseille. Condamné pour vol en 1942, il avait été expulsé du territoire français. Cet homme était considéré comme dangereux par la police marseillaise.

Cette malheureuse affaire avait fait de nombreuses victimes. Trois gardiens de la paix avaient été tués, un autre avait été blessé. Un inspecteur de la Sûreté avait été tué, un autre avait été blessé. Deux de leurs adversaires avaient été tué, un autre avait été blessé.

Naturellement les faits se passant durant l'Occupation, le gouvernement de Vichy avait constitué un tribunal spécial d'exception pour juger les « terroristes ». Remis de ses blessures à la tête, l'italien qui n'avait été que blessé fut jugé peu de temps après, condamné à mort et fusillé. En définitive, le bilan était de sept morts et deux blessés.

De grandioses cérémonies devaient se dérouler en l'honneur de ces policiers victimes de leur devoir. Les veillées funèbres eurent lieu à l'intendance de Police où une chapelle ardente avait été dressée. Pour les funérailles, le cortège était suivi par les plus hautes autorités civiles et militaires. Il était accompagné par la musique de la police. Une grande messe de Requiem devait être célébrée en présence de Monseigneur Remond, évêque de Nice.

Sur la façade de l'immeuble portant le numéro 7 de la rue de France, à Nice, à droite de la porte d'entrée, a été apposée une plaque en marbre. Elle a été fixée après la Libération et elle s'y trouve toujours. Elle glorifie l'héroïsme de trois individus soit-disant F.T.P.F.

Sans commentaire.

> Dans cette maison ont été assassinés le 22 mars 1944 par la police hitlérienne de Darnan :
> Francis PAUSELLI
> Nicham DERMADIROSSIAN
> Bruno RATTI
> Morts en combattant contre l'envahisseur allemand dans les rangs des F.T.P.F.

LA SOURICIERE

Il est à noter que le personnel de la 18e Brigade de police mobile à Nice n'avait pas été appelé à intervenir dans cette pénible affaire qui avait commencé route de Turin pour finir rue de France au cours d'une même nuit. A Nice on devait en parler longtemps. Elle avait sensibilisé la police niçoise en général et plus particulièrement le personnel en tenue.

Peu de temps après et alors que certains policiers étaient encore en proie à une sorte de psychose, c'est une affaire qui, à première vue, paraissait susceptible de se terminer tout aussi tragiquement qui venait, cette fois échoir à la 18e Brigade mobile.

Madame Orsini, la femme d'un milicien très actif demeurant à Nice au quartier Saint-Roch, était venu se présenter à mes chefs. Elle faisait savoir que le jour même, à midi, elle avait reçu la visite de trois hommes armés de mitraillettes et portant des grenades à leur ceinture. Ils étaient venu pour arrêter son époux qui se trouvait à ce moment chez sa mère dans une localité non loin de Nice. Ces hommes, qui ne pouvaient être que des « terroristes » la menaçèrent pour qu'elle dise où il se trouvait. Pour se tirer d'affaire et sauver son mari, elle devait

dire qu'elle ne serait en mesure de leur donner le renseignement que dans l'après-midi du lendemain. Ils parurent lui
faire confiance et acceptèrent de revenir le lendemain soir à
22 heures. En contrepartie du renseignement elle devait sauver
sa « peau ». Les hommes se retirèrent après une dernière
menace de mort pour le cas où elle préviendrait la police.

Naturellement il apparaissait à mes chefs qu'il était indis-
pensable de monter une opération souricière pour neutraliser
ces « terroristes » pour le cas où ce petit groupe armé tiendrait
parole.

Cette affaire ne concernait pas les vols aux faux-policiers,
ce qui était ma spécialité. Elle n'était même pas du ressort de
la section criminelle. N'étant pas une affaire de droit commun,
elle revenait de plein droit à la section politique et elle pro-
mettait d'être grave. Le chef de la section criminelle, le commissaire principal Zuccarelli, me fit appeler pour me demander
de diriger l'opération.

Il me fit savoir qu'il n'y avait pas de commissaires dispo-
nibles ni à la section politique ni à la criminelle. Il me donna
une tape dans le dos en ajoutant qu'il avait entièrement confiance en moi. Il me précisa que j'aurais à mes ordres trois
inspecteurs de la section politique et trois gardiens de la paix
en provenance du commissariat central. Les premiers, ainsi que
moi-même, outre nos pistolets, nous disposerions de mitraillettes
Thomson, calibre 11,43, du service, les autres de mousquetons
et en outre de deux projecteurs.

Je ne connaissais pratiquement pas les trois inspecteurs
désignés. Les gardiens de la paix je ne les avais jamais vus.
A leur tête à tous, dès le premier contact, j'ai pu me rendre
compte qu'ils n'étaient pas chaud du tout pour participer à
l'opération.

Un des gardiens désignés avait justement eu son collègue
et ami tué dans l'affaire de la rue de France. Il ne prit pas de

gants pour me dire qu'il ne fallait pas qu'il y ait d'autres victimes du côté des policiers.

J'étais terriblement embarrassé et fortement inquiet. Je ne connaissais absolument pas les opinions des hommes qui venaient d'être placés sous mes ordres. Il m'était absolument impossible de m'ouvrir franchement à eux et de leur demander s'ils étaient d'accord pour saboter l'opération. Dans le cas où l'un de ces hommes serait un disciple de Darnand je risquais l'arrestation et la déportation.

Pourtant il fallait, à tout prix, que j'évite l'affrontement. Je tenais aussi bien à la vie des hommes qui m'étaient confiés, qu'à la mienne et qu'à celle de ceux que je supposais bien être des résistants. Il me fallait agir, je ne pouvais me dérober.

Je décidais alors de miser sur le fait que dans une affaire comme celle qui se présentait, je devais compter sur un point capital. Il m'apparaissait absolument élémentaire pour un groupe armé, de quelque bord qu'il soit, de placer un homme en surveillance, longtemps avant l'heure fixée, afin de s'assurer qu'il n'y aurait pas une mise en place de police. Dans un cas similaire la méfiance devait être de rigueur. A moi de faire en sorte qu'au lieu de procéder à une mise en place en douceur, dans l'obscurité et sans le moindre bruit je la rende, au contraire, spectaculaire.

Le lendemain matin, seul, je fis une reconnaissance des lieux et je vis Mme Orsini qui occupait un appartement au troisième étage de son immeuble. Je lui donnais comme instructions de ne pas ouvrir sa porte lorsque les terroristes s'y présenteraient. Immédiatement elle devrait ouvrir la fenêtre donnant sur la rue en criant : « Ils sont là ! Ils sont là ! ». De cette façon les hommes du commando se rendront compte qu'ils sont piégés et, vraisemblablement, ce sera la débandade dans les escaliers.

A 20 h 30, donc une heure et demie avant le moment fixé

par les terroristes, nous arrivions à huit, avec le chauffeur, dans une grosse voiture familiale. C'était l'hiver, la nuit était déjà tombée depuis longtemps. La rue était située dans la périphérie de Nice. A l'époque l'endroit était encore un peu campagne. Il était désert et, avec l'éclairage de guerre, très obscur.

J'ai demandé à ce que l'on roule tous feux éclairés afin que tous mes collègues puissent reconnaître la topographie du voisinage que j'avais moi-même reconnu le matin même.

En face de l'entrée de l'immeuble où se trouvait l'appartement de Mme Orsini, il y avait un grand jardin au fond duquel se trouvait une villa inoccupée. J'y plaçais la moitié de l'effectif avec un projecteur.

En remontant la rue, quatre immeubles plus loin, celle-ci tournait à angle droit. Dans le virage et dans l'axe de cette voie se trouvait un petit terrain vague bien placé sur lequel je plaçais la deuxième équipe avec l'autre projecteur. Je donnais pour consigne aux deux groupes d'orienter armes et projecteurs sur la porte d'entrée de l'immeuble de Mme Orsini. Dès que celle-ci donnerait l'alerte en criant à sa fenêtre, les projecteurs devraient être mis en service. Au moment où les terroristes quitteront l'immeuble feu à volonté sur eux. Ils seraient pris à feux croisés dans le faisceau des projecteurs, de cette façon il ne pourrait y avoir de perte de notre côté.

Après la mise en place des deux groupes, avec le chauffeur, j'ai fait tourner la voiture tous feux allumés dans le voisinage immédiat sous le prétexte de trouver un bon endroit pour abandonner la voiture durant « la planque ». J'ai même fait effectuer des marches arrières non justifiées. Cela a duré un bon moment.

Ceci fait, j'ai même fait procéder à des essais de projecteurs aux deux équipes sous le prétexte que je voulais m'assurer qu'ils étaient bien braqués sur la porte d'entrée de l'immeuble en question. Je ne pouvais vraiment pas faire plus.

Eivdemment, si une demie heure après ce « cinéma » les

hommes du commando étaient venus au rendez-vous après avoir négligé de prendre les précautions les plus élémentaires de prudence c'était le désastre. Je n'aurais rien pu faire pour eux.

Heureusement personne n'est venu. Avaient-ils changé d'idée en pensant que Mme Orsini avait quand même pu prévenir la police ? Avaient-ils placé un guetteur qui avait pu se rendre compte de notre mise en place spectaculaire et donner l'alerte en temps utile ? Je ne l'ai jamais su. A minuit nous levions le siège.

A défaut d'avoir la preuve formelle que j'avais tout fait pour saboter l'opération, mes collègues étaient en droit de se demander si j'avais agi astucieusement dans un but facile à deviner ou bien alors si j'étais un idiot parfaitement incapable d'organiser une telle opération. Il n'y eu aucun commentaire.

Si les hommes qui, très probablement, devaient appartenir aux F.T.P. étaient venus, c'est un grand malheur qui serait arrivé. En ce qui me concerne, outre le fait que j'aurais toujours déploré ce qui se serait produit, après la Libération du pays c'est à moi que l'on aurait demandé des comptes. Personnellement j'aurais été tenu pour responsable de ce massacre.

Je dois souligner que la responsabilité qui m'avait été donnée par le chef de la section criminelle était très importante. Les commissaires de police ne manquaient pas à la brigade, moi je n'étais qu'un simple inspecteur de la Sûreté nationale n'ayant pas encore la qualité d'officier de police judiciaire. Les trois collègues de la section politique qui m'avaient été donnés avaient le même grade que moi. A l'époque j'étais jeune, j'aimais mon métier et je n'approfondissais pas certaines choses. Depuis j'ai réalité que trop souvent, en ce temps là, lorsqu'il y avait de gros risques à courir ou de graves responsabilités à prendre, c'était surtout les « lampistes » qui étaient utilisés.

LA FAUSSE GESTAPO

L'arrestation des deux marins allemands chez l'israélite de la rue de France devait me permettre, ainsi qu'à mon collègue Richeville, comme je l'ai dit plus haut, de solutionner d'autres affaires de faux policiers.

L'un des marins, Arnald Adels, fut reconnu par Mlle Gertrude Klauss à qui 500.000 F et des valeurs diverses avaient été volés. L'allemand nous permit d'identifier et d'arrêter le nommé Georges Monero. Confronté avec le militaire, le français dénonça un certain Gaston Voux qui, pour échapper à la police française, avait quitté Nice et s'était engagé dans la L.V.F. (Légion Volontaire des français désireux de combattre dans l'Armée allemande), un certain « Fanfan », un prénommé Georges, dit le « Zazou » et un nommé Henri Magoni.

Tous ces renseignements devaient être exploités rapidement. Georges le « Zazou » fut identifié dans les moindres délais. C'était un italien de 22 ans nommé Joseph Bertini. Se doutant qu'il allait être identifié et arrêté il avait décidé de s'engager dans l'armée italienne fasciste. C'est dans les locaux de la « Casa d'Italia » que je devais l'arrêter avec l'aide d'un adjudant de la Feldgendarmerie sans le concours duquel l'arrestation n'aurait pas été possible. Ce jeune malfaiteur aurait alors assuré son impunité.

Bertini fit des aveux complets qui permettaient de solutionner deux autres affaires et l'identification d'un faux policier du nom de Jeannot Amalberti dit le « Caïd ». « Fanfan » fut également identifié, son nom était Francis Saullet. Nous devions l'arrêter dans un bar de la rue de la République, « L'Ile de Beauté ». Dans le quartier, ce bar avait été surnommé « le siège de la fausse Gestapo ». Lui aussi avait participé à l'affaire Klauss ainsi qu'à deux autres coups de faux policiers. Par lui nous avons appris l'identité du malfaiteur qui avait été légèrement blessé par un policier lors de la fusillade du 245, rue de France.

Au moment de son arrestation, Saullet était porteur d'un document portant le cachet de la Chancellerie allemande de Marseille priant les autorités françaises de laisser circuler librement le porteur de cette pièce qui avait été établie au nom de Saullet. Ce document était signé capitaine Lacout.

Il n'y avait qu'une demie heure que Saullet se trouvait dans les locaux de la 18e brigade mobile lorsque le capitaine Lacout se présenta à moi en me faisant le salut hitlérien. Il devait me dire :

— Je suis le capitaine Lacout de la chancellerie allemande de Marseille. Le nommé Soullet que vous venez d'arrêter travaille pour mon service. Je voudrais savoir de quoi il s'agit.

Je lui répliquais qu'il était arrêté pour avoir participé à des vols aux faux policiers et que d'ailleurs la Feldgendarmerie était au courant.

Le pseudo-capitaine devait alors me demander de le lui remettre, ajoutant qu'il se chargerait de le faire parler beaucoup mieux que je pourrais le faire moi-même.

Je déclinais poliment l'offre et reconduisis Lacout qui n'insista pas du fait que j'avais parlé de la feldgendarmerie.

Par la suite, je devais faire photographier, à l'identité judiciaire, avant de le lui restituer, le document dont était porteur Saullet. Ceci afin de m'en servir contre lui après la Libération. Il devait être déféré au Parquet et écroué.

Je ne tardais pas à apprendre que le soi-disant capitaine Lacout se nommait en réalité Louis Boutel et qu'avec un nommé René Blesen ils travaillaient tous les deux effectivement pour la chancellerie allemande de Marseille. Je devais apprendre également, que parallèlement à leur activité avec ce service allemand ils travaillaient aussi pour leur propre compte en faisant exécuter des vols aux faux policiers.

Dans ce bar de la rue de la République, surnommé à juste titre « la fausse Gestapo », les deux hommes recrutaient des individus dans le genre de Saullet, pour leur faire exécuter des perquisitions chez les israélites en leur fournissant de fausses attestations d'auxiliaires de la chancellerie allemande de Marseille. Cela devait, croyaient-ils, les mettre à l'abri des poursuites de la police française.

Le dernier exploit de ces deux hommes fut de faire sortir de prison un trafiquant fréquentant l'équipe de ce bar de la rue de la République. Ce trafiquant se nommait Ladrochi. Il avait été arrêté par les inspecteurs du contrôle des prix après avoir été trouvé porteur de plusieurs feuilles de tickets de sucre et on l'avait écroué aux géoles de l'Hôtel de Police, rue Gioffredo en attendant d'être mis à la disposition d'un juge d'instruction.

Le soir même, deux messieurs élégants, aux allures autoritaires, se présentèrent devant M. Laguet, secrétaire principal du commissaire central de Nice :

— Je suis M. Lacout, dit l'un.

— Je suis M. Rolland, dit l'autre. Nous appartenons tous deux à la chancellerie allemande de Marseille.

Là-dessus, ils mettent sous le nez de M. Laguet des papiers

rédigés en allemand et couverts de tampons représentant des aigles aux ailes déployées et autres emblèmes germaniques.

— Nous venons, expliquèrent-ils, vous réclamer la mise en liberté de Landrochi arrêté à la suite d'un zèle vraiment intempestif de vos services.

M. Maguet introduisit ces messieurs chez le chef départemental du contrôle des prix.

Avec de plus en plus d'assurance dans le verbe, ils réitérèrent leur demande. Tous le monde finit par s'incliner, craignant des histoires avec l'occupant, les deux compères purent reprendre leur protégé. Au moment de la levée d'écrou, ils apposèrent de magnifiques paraphes sur le registre qui leur était présenté.

En taxi, ils emmenèrent Landrochi dans un certain bar où le patron devait leur remettre une somme de 50.000 F de l'époque pour le prix de la libération promise, somme devant être, à leurs dires, versée à la caisse de leur parti.

Quelques jours plus tard, informé des faits, je procédais pour la deuxième fois à l'arrestation de Landrochi et, d'accord avec la feldgendarmerie un plan fut dressé pour l'arrestation de ces deux auxiliaires de la chancellerie allemande de Marseille.

Malheureusement, une fuite produite au niveau des services de police devait les mettre en « cavale ». Ce n'est qu'après la Libération qu'ils furent retrouvés et déférés devant la justice française.

Tout cela a failli mal tourner pour moi à l'époque. En effet, après l'arrestation de Saullet et mon refus de le livrer, Lacout devait essayer de se venger. Il rédigea un rapport à la gestapo de Nice dans lequel il signalait que sous prétexte de traiter des affaires de vols aux faux policiers, je cherchais à identifier les informateurs politiques du Reich. Ceci n'était pas tout à fait inexact. De plus, il ajouta que j'avais arrêté le nommé Saullet Francis, alors que deux jours plus tard il devait indiquer une grosse affaire de dépôt d'armes dans le maquis, ce qui était faux.

La police allemande avait décidé mon arrestation mais la feldgendarmerie s'y était opposée. Cela je ne devais l'apprendre que beaucoup plus tard et les faits devaient m'être confirmés par celui qui était alors le sous-chef de la gestapo de Nice, le nommé Semish Alfred dit « Schuls ». Cet officier allemand avait été fait prisonnier à la libération du département des Basses-Alpes alors qu'il était devenu le chef de la SIchereitz Polizei (Police de la Sécurité allemande) de Digne. Je devais entendre par procès-verbal cet officier à la prison des Beaumettes à Marseille où il avait été transféré.

Le 18 septembre 1944, dans une longue déposition par procès-verbal, cet officier allemand devait mettre en cause tous les Français qui avaient travaillé pour son service à Nice durant le temps où il exerçait ses fonctions. Après la Libération, cette mise en cause devait permettre l'identification, la recherche et l'arrestation de nombreuses personnes ayant collaboré avec les allemands. Il y avait alors plusieurs services spécialisés pour ces recherches : un à la P.J., la Surveillance du territoire, la Sécurité militaire et la D.G.E.R. (Direction générale des études et recherches).

En ce qui concerne Francis Saulet dit « Fanfan », après avoir été détenu à la maison d'arrêt de Nice, il devait réussir à s'évader de la salle des consignes de l'hôpital Pasteur où il avait pu se faire admettre. Une fois libre, sentant que la Libération de la région de Nice était inéluctable, il réussit à se glisser dans les Forces françaises de l'intérieur en prenant le maquis dans l'arrière-pays niçois.

Saulet dit « Fanfan » fut de nouveau arrêté. Je dois dire que cette arrestation on la doit à une initiative de mon chef de la section criminelle, M. Zuccarelli. Un jour, mon chef vint me trouver dans mon bureau pour me présenter le rédacteur en chef d'un hebdomadaire né de la Résistance, « L'Ergot ». M. Zuccarelli me dit ceci : « J'ai donné connaissance à ce journaliste, des affaires les plus importantes que vous avez eu à traiter dans la région. Je vous demande de lui prêter toutes les photographies anthropométriques que vous avez fait prendre et celles d'amateur que vous avez pu vous procurer pour vos affaires de faux policiers. Je suis convaincu que la publication de ces photographies pourrait permettre l'identification ou l'arrestation d'un grand nombre de faux policiers encore en fuite.

Ces prévisions devaient s'avérer exactes. En ce qui concerne l'arrestation de Saulet dit « Fanfan », c'est bien la publication par « L'Ergot » de sa photographie anthropométrique qui a permis son arrestation. C'est en lisant ce journal que les gendarmes de Saint-Sauveur (Alpes-Maritimes) reconnurent en François Saulet un lieutenant F.F.I. Il fut aussitôt arrêté et déféré en cour de justice.

Il serait trop long de faire connaître ici tous les cas où la publication de ces photographies a été utile pour la recherche d'individus français ou étrangers ayant travaillé pour les services allemands.

René Blesen dit « Rolland » et Louis Boutel dit « Capitaine Lacout » furent également arrêtés après la Libération de Nice et déférés en cour de justice. Ce dernier fut arrêté à Savone (Italie) par les services spéciaux alliés. Ces derniers avaient été alertés par la Surveillance du territoire.

SANGLANTE AGRESSION A CANNES

En mai 1944, un groupe de quatre hommes armés de mitraillettes, frappaient à la porte de l'appartement du nommé Jim Selini, âgé de 30 ans qui était israélite. Il demeurait au premier étage d'un immeuble situé rue Fonto à Cannes. Cet homme athlétique était professeur de gymnastique. Il vivait avec son amis Anne Rocroix âgée de 24 ans. Sans méfiance, Selini ouvrit sa porte et les quatre individus pénétrèrent dans l'appartement en annonçant :

— Police allemande !

En un tour de main Jim Selini et sa femme furent entièrement dévêtus et leurs poignets furent liés. Le professeur de gymnastique fut isolé dans une pièce sous la garde d'un des malfaiteurs, tandis que la jeune femme était gardée dans une autre. La clé du coffre fut prise dans les vêtements de Selini et les agresseurs firent main basse sur son contenu, soit deux cent mille francs de l'époque.

A un certain moment, Selini, nu comme un ver et poignets liés, trompa la surveillance de son gardien et parvint à bondir sur le rebord de la fenêtre et de là à sauter dans la rue. Il devait se fracturer les deux talons en arrivant sur le trottoir.

Par un curieux hasard, il devait tomber sous les yeux d'une patrouille de gardiens de la paix qui arrivait vers lui à 50 mètres de là.

Dans l'appartement où l'évasion fut immédiatement signalée, se fut la débandade et la fuite. Le chef de l'expédition, un individu d'une quarantaine d'années, robuste au visage dur, avait trouvé la compagne de Selini à son goût. Ne voulant pas l'abandonner, il prit la fuite en la poussant, toute nue, devant lui à la suite de ses hommes.

Les deux premiers malfaiteurs débouchant dans la rue aperçurent les gardiens de la paix. Immédiatement ils crièrent :

— Ne tirez pas ! Police allemande !

Aussitôt après, alors que les policiers étaient perplexes, les malfaiteurs ouvrirent le feu et blessèrent grièvement le brigadier Contant d'une rafale de mitraillette. Il y eut un moment de surprise et de confusion du côté des policiers. Les malfaiteurs en profitèrent pour s'enfuir en direction de leur voiture stationnée non loin de là.

Le chef, toujours le dernier, entraînait avec lui Anne Rocroix pour la conduire vers la voiture. Comprenant qu'elle avait tout à redouter du bandit, elle se laissait glisser à terre.

L'homme voulu alors la traîner mais très vite, il réalisa qu'il perdait trop de temps. Plein de rage, il abandonna sa victime après lui avoir porté deux coups de couteau dans le dos.

Les quatre mauvais garçons réussirent à prendre la fuite. La Sûreté de Cannes se saisit en premier lieu de cette affaire. Toutefois la 18° brigade mobile de Nice était saisie à son tour par le juge d'instruction après ouverture d'une information contre X pour vol qualifié, détention d'armes et de munitions, tentative de meurtre.

Entrant dans le cadre des affaires de vol aux faux policiers cette enquête m'était confiée et je devais la traiter avec l'assistance de mon collègue Richeville.

Dès le début de notre enquête, j'avais déjà entendu Selini et son amie qui était hospitalisée à la suite des coups de couteau reçus mais dont l'état n'inspirait pas d'inquiétude. Ces deux personnes m'avaient fourni des renseignements assez précis sur le signalement des quatre malfaiteurs.

Après quelques jours d'investigations, nous devions apprendre que le jour où l'agression avait été commise, quatre individus correspondant aux signalements fournis par les victimes avaient été vu prendre l'apéritif au cabaret « Canari » à Cannes. Cet établissement était tenu par le nommé Marius Bacetto. Aussitôt en possession de ce « tuyau », je prenais des renseignements sur cet homme auprès du chef de la Sûreté de Cannes.

Ce dernier me fit savoir qu'il était bien connu de la police cannoise pour appartenir au grand « Milieu », mais qu'il était intouchable. Il me précisa que Bacetto recevait les membres de l'état-major de la kommandantur de Cannes. Il procurait des femmes aux officiers et tous les soirs il buvait du champagne avec eux dans son cabaret. De plus, il était établi que ce truand devait être un indicateur ou un auxiliaire de la gestapo cannoise car il avait ses entrés à l'hôtel Mont-Fleury qui était le siège de la police allemande.

Les agresseurs du couple Selini avaient présenté des cartes de la police allemande à leurs victimes, de plus ils avaient ouvert le feu sur la patrouille de gardiens de la paix après avoir crié : « Ne tirez pas, police allemande ! ».

Il n'y avait donc rien d'étonnant pour que, au moins occasionnellement, ces malfaiteurs fréquentent le « Canari ». Le renseignement obtenu paraissait sérieux. Néanmoins, le chef de la Sûreté me déconseilla fortement de toucher à Marius Bacetto. Il prévoyait les pires conséquences.

Ne tenant aucun compte de ces mises en garde, je me présentais au « Canari » avec Richeville et je demandais à Bacetto de nous suivre au commissariat central. Il ne fit aucune difficulté mais regardant sa femme, avec un sourire entendu, il lui dit :

— Tu préviendras là-haut.

J'interprétais cela comme une menace indirecte et une intervention possible des Allemands. Je ne l'en conduisis pas moins dans les locaux de la Sûreté de Cannes.

Bacetto était loin d'être un enfant de chœur. Il avait déjà eu une vie assez mouvementée et il avait une certaine réputation dans le « milieu ». Je l'interrogeais longuement, avec opiniatreté pour lui faire dire qui étaient les quatre hommes ayant pris l'apéritif avec lui, le jour de l'agression de Selini. Inlassablement, Barcetto prétendait que c'était la première fois que ces hommes mettaient les pieds dans son cabaret. Il fut interrogé jour et nuit.

Outre la jeune femme blessée de deux coups de couteau, il y avait aussi à l'hôpital le brigadier des gardiens de la paix gravement atteint et que l'on n'était pas sûr de sauver. Cette affaire avait beaucoup d'importance pour moi et j'étais convaincu que Bacetto en parlant pouvait permettre l'identification des auteurs de cette agression sauvage. Au bout de 48 heures, Bacetto qui en avait assez, finit par me dire :

— Ecoutez ! Sur les quatre hommes qui sont effectivement venus prendre l'apéritif chez moi le jour dont il est question, je n'en connais qu'un seul. Je sais qu'il travaille pour les allemands. Je ne vous le ferais connaître que si j'ai l'accord de la kommandantur de Cannes. Conduisez-moi, vous tout seul, chez celle-ci. Si vous n'acceptez pas, vous pourrez faire de moi ce que vous voudrez mais je vous jure que je ne parlerai pas.

Bacetto m'était alors apparu à bout de nerf mais il me donnait également l'impression de vouloir s'en tenir strictement à sa proposition et d'en avoir la possibilité.

Après réflexion et avoir bien pesé les risques que je pouvais encourir, je décidais de tenter le « coup ». Avant de partir pour la kommandantur je chargeai Richeville de prévenir M. Métard, notre divisionnaire à Nice, au cas où je ne serais pas de retour une heure après. J'espérais que mon chef ferait alors le maximum pour me tirer d'affaire.

Les voitures automobiles étaient rares à cette époque, même pour les policiers français. Comme il n'y en avait pas de disponible à ce moment, c'est en vélo-taxi que Bacetto et moi nous devions nous rendre à l'état-major allemand.

Au premier étage de l'immeuble réquisitionné par ce service on devait me faire faire antichambre tandis que Bacetto était introduit dans les bureaux qui m'étaient interdits.

Après dix minutes d'attente, je vis revenir Bacetto accompagné de deux officiers allemands. Il me confirma alors qu'il ne connaissait qu'un seul des quatre individus dont il était question et qu'il s'agissait d'un prénommé « Pierrot » âgé d'une trentaine d'années, fils d'un commerçant de Juan-les-Pins.

Après cela les trois hommes firent demi-tour et je pus quitter la kommandantur sans aucune difficulté. En sortant, je respirais quand même plus librement. Je réalisais alors que si, toutefois, Bacetto ne m'avait pas mené en « bateau » en m'orientant sur une piste « bidon » je le devrais certainement au fait que le « Pierrot » en question ne devait pas collaborer avec les services allemands de Cannes. Peut-être aussi que le comportement sauvage de ce « commando » sur une femme et sur la patrouille de gardiens de la paix n'avait pas incité les officiers du Reich à manifester de la solidarité.

De retour au service de la Sûreté de Cannes je devais immédiatement faire le point avec Richeville et quelques inspecteurs cannois. Tout de suite l'inspecteur Lapier me faisait connaître que « Pierrot » n'était autre que Pierre Lamasse, le fils d'un bijoutier de Juan-les-Pins. Il s'agissait d'un récidiviste bien connu de la police cannoise. Pour le « milieu » c'était « Pierrot le bijoutier ».

Sa fiche signalétique et ses photos face et profil m'étaient remises. Une heure après, à l'hôpital de Cannes, Lamasse était formellement reconnu par Jim Selini et par sa concubine. Il devait être également établi que c'était lui qui avait tiré à la mitraillette sur la patrouille de gardiens de la paix. Il était âgé de 30 ans.

LE MALFAITEUR EST ABATTU PAR LA POLICE

Dans les jours qui suivirent, une enquête discrète me permettait de connaître le domicile de « Pierrot » où demeurait son épouse légitime. Egalement, je devais apprendre que depuis plusieurs mois l'on ne l'avait pas vu ni à son domicile, ni chez son père. Les recherches s'avéraient difficiles et menaçaient d'être longues. Toutefois, grâce aux fiches de garnis, j'ai appris que Pierrot avait loué six mois auparavant un petit studio meublé 11 bis, rue de Provence. C'est dans cette même rue qu'était situé le cabaret « Canari ».

Avec beaucoup de précautions nous prîmes des renseignements dans le voisinage immédiat. Le studio était situé au troisième étage de l'immeuble où se trouvait tout un groupe de petits appartements meublés desservis par deux grands couloirs.

Ce jour-là j'étais avec Richeville et l'inspecteur Lapier de la police d'Etat de Cannes qui nous avait accompagné. Nous nous sommes présentés au troisième étage de l'immeuble en question, cherchant à avoir des renseignements à tout prix, je tapais discrètement à une porte sur laquelle il y avait un nom tout à fait différent. Une bonne dame vint ouvrir et, après avoir montré notre carte, elle nous fit entrer. Elle devait nous apprendre que le studio loué par Lamasse était celui qui était attenant au sien. Elle devait ajouter que durant plusieurs mois l'appartement était resté inhabité mais que depuis quelques jours il y avait à nouveau des occupants.

Effectivement, elle avait remarqué que souvent, sur le coup de midi, quelqu'un apportait un paquet de victuailles.

Ces renseignements précis nous réjouissaient et nous sentions que notre enquête allait faire un bond en avant.

Sur une question plus précise de ma part, la voisine me dit :

— Juste avant que vous n'arriviez chez moi, il y avait quelqu'un dans l'appartement puisque la cuisine du studio n'étant séparée de la mienne que par une cloison, j'ai entendu fonctionner le robinet de l'évier.

Immédiatement, je décidais d'agir. Tout d'abord je me fis ouvrir une fenêtre par cette aimable voisine. Je pouvais constater qu'elle donnait dans la rue et tout de suite je pouvais me rendre compte que les fenêtres du logement d'à côté y donnaient aussi et qu'il n'y avait aucune possibilité de fuite de ce côté-là. En-dessous des fenêtres c'était le vide de trois étages.

J'étais porteur de la commission rogatoire qui me permettait toutes opérations utiles en vue de la manifestation de la vérité, y compris naturellement visite domiciliaire. Mes camarades et moi avons immédiatement pensé que les quatre agresseurs étaient susceptibles de se trouver dans l'appartement. Nous savions qu'ils étaient dangereux, armés de mitraillettes et qu'ils n'avaient pas hésité à tirer sur les gardiens de la paix. Que faire, aller chercher du renfort ? De toute façon, même si des gens devaient être disposés en réserve dans le couloir, les escaliers et la rue, il faudrait bien un groupe d'intervention directe. Alors pourquoi ne pas agir par nos propres moyens. Nous avions l'avantage de la surprise, ils étaient quand même pris dans une souricière et ils ignoraient totalement quel était notre effectif et notre armement. En fait, nous ne disposions chacun que de notre pistolet 7,65 mm.

A cette époque, les groupes d'interventions, spécialisés pour ce genre de travail, étaient loin d'exister en France. Que ce soit les G.I.P.N. (Groupes d'intervention de la police nationale) ou les G.I.G.N. (Groupes d'intervention de la gendarmerie nationale). A l'heure actuelle, les hommes appartenant à ces groupes reçoivent une formation spéciale. En principe ils ne font pas d'enquêtes. Ils ne sont utilisés que dans des cas bien particuliers. En dehors de cela, ils s'entraînent dans cette éventualité. Ces hommes agissent toujours avec un chef à leur tête. Ils sont munis de casques protecteurs et de gilets pare-balles. De plus, ils disposent d'un matériel sophistiqué tel que porte-voix pour sommations ou toutes autres communications avec des assiégés, de talkie-walkie, bombes lacrymogènes et même d'explosifs pour, éventuellement, faire sauter une porte, etc. Ils ont la possibilité de placer des tireurs d'élite à proximtié de l'appartement qu'ils assiègent, dans la rue, sur la toiture de l'immeuble et, éventuellement, même sur celle de l'immeuble en face.

Longtemps après la fin de la dernière guerre, les policiers judiciaires, enquêteurs, étaient encore tenus d'agir par leurs propres moyens et de faire leur devoir pour le mieux quels qu'en soient les risques. A l'heure actuelle, notre petit groupe se serait contenté d'alerter le groupe d'intervention le plus proche et de l'attendre sans intervenir.

Ce n'était pas le cas. Assisté de mes deux collègues, je me présentais donc devant la porte du studio loué par Pierre Lamasse. Aucune indication n'était écrite sur celle-ci.

Je frappais vigoureusement sur cette porte en criant énergiquement :

— Police, vous êtes pris, ouvrez. Nous sommes en force, ouvrez et sortez sans armes, les mains en l'air.

Seul un grand silence suivit.

A deux reprises encore je frappais à la porte, cette fois-ci avec la crosse de mon révolver et, à quelque chose près, je répétais les mêmes paroles. Toujours le silence absolu, à croire qu'il n'y avait personne et que la bonne dame d'à-côté s'était trompée. Après une troisième tentative, je décidais d'envoyer l'inspecteur principal Lapier chercher un serrurier.

Il était midi lorsque ce policier arriva devant l'atelier de serrurerie qu'il connaissait, celui-ci était fermé. Il fallu qu'il aille au domicile de l'artisan puis qu'un ouvrier retourne à l'atelier chercher les outils. Durant une heure Richeville et moi nous attendions, prêts à toute éventualité.

Enfin l'homme de l'art arriva avec Lapier qui avait rencontré un inspecteur en cours de route et qui le ramenait en renfort. L'ouvrier était un jeune homme sympathique qui était un peu intimidé de voir ces quatre policiers revolver au poing. Dès qu'il eut tâté la fermeture le jeune serrurrier me dit :

— La clé est sur la serrure à l'intérieur !

C'était une bonne nouvelle. Si la porte était fermée de l'intérieur c'était que malgré un silence total le « gibier » s'y trouvait aussi. Je demandais alors au serrurier, à voix basse, de tourner la clé avec un « ouistiti » et de la faire tomber de l'autre côté afin de pouvoir crocheter la serrure ensuite. Le jeune homme connaissait bien son métier. En un rien de temps j'entendis la clé tomber sur le carrelage et quelques secondes plus tard le pène de la serrure était manœuvré et la porte pouvait s'ouvrir. Le serrurier se sauvait aussitôt après sans chercher à se faire payer.

J'étais chef de mission. C'était donc à moi de pénétrer le premier dans l'appartement. Je poussais légèrement la porte et je constatais qu'à l'intérieur l'obscurité était totale. Pas de lumière et les volets clos. Je m'avançais un peu plus, la porte était alors ouverte à moitié. D'un seul coup je pouvais distinguer la silhouette d'un homme qui me faisait face à un mètre cinquante de moi. Il me braquait avec un revolver ou pistolet qui brillait beaucoup dans l'obscurité. Je pensais qu'il devait être chromé ou nickelé. Les choses allèrent très vite. Je criais :

— Jetez votre arme ! Les mains en l'air !

L'homme me répondit :

— Si vous m'arrêtez, je vous tue !

En même temps l'homme allongeait vers moi son bras armé. Aussitôt je fis feu sur lui. Sachant qu'un homme blessé et même touché à mort pouvait encore tirer et même vider un chargeur, je profitais que je me trouvais dans l'encadrement de la porte entrouverte pour me placer dans un premier temps derrière elle. Une fraction de seconde plus tard j'avais trouvé une protection à deux mètres de là, à l'angle de deux couloirs. Immédiatement après, mon pistolet était pointé en direction de la porte. Je m'attendais à voir sortir le groupe armé et décidé à se battre.

Entendant le coup de feu et me voyant bondir en arrière, mes camarades cherchèrent une protection du côté opposé au mien, c'est-à-dire à l'angle du couloir principal, sur le palier de l'étage. Immédiatement après leurs pistolets demeuraient également braqués sur la sortie de ce fameux studio.

Je m'attendais à une fusillade généralisée contre quatre adversaires. Or, à ma grande surprise, aucun coup de feu ne répondit au mien et ce fut à nouveau le grand silence.

A l'autre bout du vouloir, Richeville me cria :

— Michel, qui a tiré ?

— C'est moi ! J'ai tiré juste avant lui.

— Combient sont-ils ?

— Il faisait sombre et je n'en ai vu qu'un.

— Après ton coup de « calibre » j'ai entendu marcher.

— Pourtant, je n'ai pas pu le manquer.

— Ils doivent être plusieurs.

— Je le crois aussi.

Je réalisais alors que les malfaiteurs n'étaient pas décidés à se rendre. D'autre part, je mesurais qu'après avoir ouvert les hostilités, si je refaisais « coucou » dans l'entrebaillement de la porte du studio j'allais me faire transformer en « passoire ». Je pris alors d'autres dispositions.

Du pied, je frappais à la porte d'un appartement voisin. Un homme tout apeuré m'ouvrit. Après avoir décliné ma qualité, je l'ai prié de me faire passer un matelas. Très coopératif, il m'en apporta sur le champ un en laine.

Je fis un rouleau protecteur de ce matelas que je plaçais en travers du vestibule à deux mètres de la porte restée à demi-ouverte et je m'allongeais de tout mon long derrière cette barricade improvisée. Mon pistolet braqué en direction de la porte, je m'adressais alors aux occupants en ces termes :

— Nous sommes à l'abri, si vous tentez une sortie en force vous serez abattu l'un après l'autre. Je vous conseille de vous rendre et de sortir les mains en l'air et sans arme. Nous allons vous enfumer et pour vous avoir ce ne sera plus qu'une question de temps.

Aussitôt après, je demandais à Lapier de partir pour se procurer des grenades lacrymogènes. Je devais attendre pas mal de temps avant qu'un inspecteur, côté escalier, s'avance suffisamment pour projeter une grenade par la porte du studio restée entrouverte, avant de se replier.

La fumée qui se dégagea dans l'appartement était telle qu'elle rendait l'atmosphère du couloir où je me trouvais presque irrespirable. Des collègues m'apprirent que la fumée sortait avec force par les deux fenêtres du studio de Pierre Lamasse, dont seuls les volets étaient clos, les fenêtres vitrées ayant été laissées ouvertes.

Après une nouvelle heure d'attente, j'estimais que je pouvais à nouveau pénétrer dans le logement.

La première chose que je fis fut d'ouvrir tout en grand une

fenêtre pour avoir de la lumière. La porte d'entrée donnait directement sur une cuisine. Sur le potager de celle-ci, je vis de suite le revolver 7,65 mm chromé qui brillait dans l'obscurité. Il était chargé de neuf balles avec la dixième dans le canon. Après avoir également ouvert une fenêtre de la pièce à côté, je devais constater qu'un homme vêtu était étendu, mort, sur un divan. Il était donc seul dans l'appartement.

Il était alors facile de reconstituer ce qui s'était passé. Atteint d'une balle en pleine poitrine, il n'avait pu faire usage de son arme mais, après avoir posé celle-ci sur le potager, il eut la force, en titubant sans doute, d'aller jusqu'au divan et s'y étendre pour mourir.

Sur une petite table du séjour se trouvait au milieu d'un mouchoir ouvert 25 balles du même calibre que le pistolet et un poing américain.

Mon projectile avait transpercé la poitrine du malfaiteur de part en part, à la hauteur du cœur. Il était ressorti de l'autre côté, en retournant son corps, nous devions le retrouver entre la peau et le tricot qu'il portait.

Presque de suite, je me rendis compte que je n'avais pas eu affaire à Pierrot. D'ailleurs le cadavre était amputé de la main droite.

L'inspecteur principal Lapier de Cannes qui le connaissait bien, devait me dire :

— C'est un ami de Pierrot, c'est Lucien Banlon qui était activement recherché.

Effectivement, environ un mois avant Banlon avait été arrêté à Vallauris par le personnel du commissariat de cette localité. Il était porteur de 1.000 fausses cartes de pain. Il devait être détenu dans les géoles de ce commissariat durant plus de 24 heures. Son épouse devait lui apporter un paquet contenant de quoi manger. Les gardiens de la paix commirent l'imprudence de lui remettre le colis sans en vérifier le contenu. Durant la nuit, Banlon se mit à hurler et simuler une véritable cris d'appendicite. Inquiets les deux gardiens lui ouvrirent la porte de la cellule. Mal leur en prit, car aussitôt, ils étaient braqués avec le même revolver qui avait failli me coûter la vie quelques jours plus tard. Après avoir désarmé les deux policiers avec son unique main, la gauche, et après avoir pris les clés, il les enferma à leur tour dans la géole. Après avoir fracturé le bureau du commissaire de police pour récupérer son paquet de fausses cartes, il devait retourner aux géoles pour haranguer les malheureux gardiens de la paix enfermés.

— Vous pouvez dire à vos amis en civil que s'ils veulent m'avoir, il faudra qu'ils y mettent le prix car moi, je ne leur ferai pas de cadeau.

Dès que l'évasion fut connue des inspecteurs de la 18ᵉ brigade, ils organisèrent des battues et des surveillances pour essayer de capturer Banlon. Ces opérations ne devaient donner aucun résultat.

Les deux gardiens de la paix devaient être écroués à la maison d'arrêt de Grasse. A ce moment-là, une loi prévoyait la prison pour les gardiens qui par négligence avaient favorisé une évasion de détenu. Cette loi prévoyait également une libération immédiate des gardiens au cas où l'évadé serait repris mort ou vif dans un délai de six mois.

Naturellement, immédiatement après l'identification du cadavre de Banlon, je me suis rendu au commissariat central de Cannes pour informer le Procureur de la République de Grasse, M. Voutier, de ce qui venait de se passer. Avec la juge d'instruction il suivait de près cette affaire Selini. Il y attachait une grande importance du fait qu'un brigadier des gardiens de la paix avait été blessé par les malfaiteurs. Ce magistrat devait me féliciter chaudement, ajoutant que ce dénouement allait lui permettre de libérer, sur-le-champ, les deux malheureux gardiens de la paix, des pères de famille, qui depuis un mois étaient en prison, victimes de leur négligence.

En fait, après son exploit du commissariat de Vallauris, se sachant activement recherché, Banlon avait trouvé une « planque » sûre, grâce à la complicité de son ami Pierrot Lamasse qui avait mis à sa disposition ce studio dont il n'avait pas cessé d'être locataire.

Ainsi, si la piste du studio de la rue de Provence était bonne elle ne devait pas permettre l'arrestation immédiate des auteurs de l'agression de Selini et de son amie.

La mort de Banlon devait avoir des suites qui auraient pu avoir des conséquences graves pour moi, voici comment.

Après le décès de Banlon, faisant suite à l'intervention de la police dans le studio pris en location par Lamasse, Bacetto a porté un « chapeau » grand comme un parapluie et il devait être tenu pour responsable de la mort de l'ami de Pierrot.

Le port de ce « chapeau » devait fortement irriter cet individu qui, par contre-coup, me rendait personnellement responsable de ses ennuis. Il avait mûri le projet de me faire payer cher la perte de sa réputation « d'homme ».

Je dois ouvrir ici une petite parenthèse. Un jour, je fus contacté par mon divisionnaire, M. Métard, qui me demanda si je voulais bien travailler avec lui pour le compte d'un réseau de Résistance dont le chef se trouvait à Nice. Il me précisait qu'il s'agissait du réseau « Marine ». Sans lui faire connaître que je travaillais déjà pour un autre réseau, j'acceptais. Il devait me préciser que lui seul aurait le contact avec la direction de ce réseau.

Travaillait également pour le même mouvement de Résistance un nommé Jean Guettani qui exploitait un bar près de la gare à Nice. Cet homme avait eu un passé. Les femmes surtout, étaient son rayon. Il avait tenu des « maisons » à Alger et en Indochine. Il n'avait pas perdu de vue ses amis d'enfance et il était connu et estimé dans le « grand milieu » marseillais-corse. Au demeurant, c'était un homme de cœur, au visage ouvert et sympathique. Je devais faire sa connaissance et apprendre son existence qu'après la Libération. Toutefois, lui me connaissait bien avant par l'intermédiaire du chef de réseau et de mon commissaire divisionnaire.

C'était un ami d'enfance de Bacetto. Tous deux étaient des Corses nés à Marseille. Ils n'avaient cessé d'entretenir, entre eux, des rapports très amicaux. Cela bien que sur le plan politique et même patriotique, ils aient été à l'opposé l'un de l'autre. Je pense, néanmoins, que Jean Guettani avait toujours pensé que dans ses rapports avec les Allemands son ami recherchait surtout des avantages dans l'exploitation de ses divers commerces sous la couverture de son cabaret.

Par la suite, après la Libération, j'ai été à même de me rendre compte que la fraternisation existait dans le « milieu » entre ceux qui avaient collaboré directement avec les allemands et ceux qui avaient œuvré pour la Résistance. J'en avais déduit que ce qui avait surtout compté, pour les uns comme pour les autres, c'était les profits de toutes natures que ces gens-là avaient pu tirer de la situation pour le présent ou pour le futur.

Certains ont fait le bon choix, d'autres le mauvais, mais entre eux il y a toujours eu la plus grande compréhension, estime ou amitié.

Un certain jour, à Nice, Bacetto devait rencontrer Guettani. C'est alors qu'il lui fit part des ennuis qui l'accablaient depuis l'affaire Selini. Plus précisément la mise en cause de « Pierrot le bijoutier » et par voie de conséquence la mort de Banlon, l'ami de ce dernier. Il lui fit connaître toute l'animosité et la haine qu'il éprouvait à l'encontre de l'inspecteur Michel, de la mobile de Nice et sa décision de se venger de ce policier.

Bacetto précisa qu'après s'être procuré mon adresse il avait décidé de m'enlever un matin avec ses amis de la gestapo de Cannes, avec l'intention de me tuer dans un terrain désert.

La chose lui était d'autant plus facile qu'il lui avait été extrêmement aisé de me décrire comme un ennemi acharné du Grand Reich. De plus la gestapo de Cannes était bien connue pour ne pas faire de sentiment et elle l'a d'ailleurs prouvé.

Le 15 août 1944, à Cannes, les Allemands durent quitter la ville et se replier sur l'Italie devant l'avance des alliés. Ceux-ci, qui avaient débarqué sur les Côtes de Provence progressaient rapidement et la canonnade s'intensifiait dans l'Estérel.

Avant d'abandonner leur P.C. les chefs de la gestapo décidèrent d'exécuter tous les patriotes qui étaient détenus dans les caves de l'immeuble. Ils étaient douze.

Au dernier moment les Allemands décidèrent d'épargner une femme. Elle fut libérée sur le champ. Un codétenu qui avait compris ce qui l'attendait réussit à prendre la fuite après avoir essuyé plusieurs coups de feu qui ne l'atteinrent point.

Ils restaient alors à dix, les malheureux qui furent exécutés. Le mot massacré conviendrait mieux. Les prisonniers furent rassemblés dans une seule pièce des sous-sols, ensuite le chef de la gestapo et deux de ses collaborateurs se mirent à tirer comme des « dingues » sur les malheureux qui s'écroulèrent les uns sur les autres dans une mare de sang.

Jean Guettani lui, qui savait que je travaillais pour le même réseau que le sien et qui de ce fait se sentait un peu solidaire de moi, avait aussi jugé très objectivement que je n'avais fait que mon travail de policier. En conséquence, il prit ma défense avec autorité et efficacité.

Il devait lui dire :

— Michel fait son métier, on ne peut pas le lui reprocher ; tandis que toi, si tu n'avais pas parlé il ne se serait pas produit toutes ces complications et tu ne porterais pas le « chapeau ».

Il devait ajouter :

— Ecoute, Michel je le connais, c'est un ami qui m'a rendu service, et je ne veux pas que tu y touches. Ta blessure d'amour-propre, tu l'oublieras. En attendant, on va manger ensemble.

C'est ainsi que sans même que je m'en doute, Jean Guettani réussit à dissuader Bacetto de mettre à exécution ses vilains projets.

Tout cela, je devais l'apprendre beaucoup plus tard, après la Libération, par d'autres sources que par Guettani lui-même.

Naturellement, après avoir touché du doigt ce que cet homme avait fait pour moi, par la suite je ne pouvais qu'éprouver une certaine sympathie pour lui.

Quant à Bacetto il devait être arrêté le lendemain de la Libération de Cannes par les forces de la Résistance. L'Hôtel Mont-Fleury qui avait été abandonné après le repli de la gestapo, fut réoccupé par les F.F.I. Les Résistants devaient y découvrir les restes calcinés des archives de la police allemande et les dix cadavres de patriotes. Bacetto y fut tout d'abord détenu mais peu après il devait être abattu par ses gardiens lors d'une tentative d'évasion. Il avait vraiment joué la mauvaise carte.

Après l'identification de Pierre Lamasse, je procédais à des investigations dans toute la région, d'abord en vue de mettre la main sur ce malfaiteur, ensuite pour identifier ses co-auteurs.

Grâce aux signalements fournis par les victimes et en recherchant parmi les fréquentations de Lamasse, je parvins à identifier le chef de cette dangereuse équipe, celui qui avait entraîné avec lui Anne Rocroix avant de l'abandonner après lui avoir porté deux coups de couteau dans le dos. Il se nommait Raymond Chavournet.

Quelques temps avant la libération de Nice, un informateur me téléphona pour me dire que Lamasse et Chavournet devaient se rendre de Nice à Cannes durant l'après-midi à bord d'une Renault Juva Quatre dont il me communiqua le numéro minéralogique.

Le pont du Var avait été rendu inutilisable en raison des bombardements et, il fallait emprunter le pont de la Manda, beaucoup plus en amont, pour franchir le fleuve.

C'est aux abords de ce pont que je devais faire établir un barrage discret. Au cours de cette opération la voiture signalée fut interceptée. Toutefois, à bord il n'y avait ni Lamasse ni Chavournet. Par contre, le véhicule était occupé par le nommé Jean Lazeretti et Mario Carino. Naturellement, ces deux hommes bien connus des services de police devaient être conduits dans les locaux de la 18ᵉ brigade pour examen de situation approfondie.

Il nous apparaissait tout de suite que le signalement des deux hommes ne pouvait s'appliquer à ceux correspondant aux deux co-auteurs de l'affaire Selini, encore non identifiés. Ces deux individus devaient fournir une explication valable sur l'utilisation du véhicule signalé.

Le passage de ces deux hommes dans nos bureaux de police devait provoquer un petit intermède assez amusant.

Après une nuit passée aux géoles du service, Lazeretti demanda à me voir. J'accédais à son désir. Devant moi il devait dire :

— M. Michel, en bas, aux géoles du service, je me suis renseigné sur vous auprès d'un de vos collègues et il m'a dit que je pouvais vous parler et vous faire confiance. Hier soir, après mon arrestation, j'ai été fouillé et ma fouille a été mise de côté par un de vos collaborateurs. Je dois vous dire que dans mon portefeuille se trouve un papier qui ne devrait pas tomber entre les mains des Allemands, sinon je serais perdu.

Après lui avoir dit qu'il avait eu raison de me parler de cela, je me fis remettre sa fouille. Je trouvais en effet, le papier en question et le lui remis en lui disant d'en faire ce qu'il voulait.

La veille, je l'avais interrogé assez tard dans la nuit et n'ayant en définitive trouvé aucun motif d'inculpation, je devais le relâcher en fin de matinée après d'ultimes vérifications.

Il était toulonnais et possédait une verve bien méridionale. Le faciès et sa corpulence étaient d'une grosse brute mais il savait prendre un air de bonhomie joviale qui le rendait sympathique malgré sa voix grave et bourrue. Avant de le libérer, puisqu'il m'avait fait des confidences d'un caractère un peu particulier, j'en profitais pour lui demander pour qui il travaillait dans la Résistance. Sans aucune difficulté, il me répondit qu'il appartenait au réseau « Marine ». Sans me découvrir moi-même, je le laissais parler. Il en vint à me dire ceci :

— Il y en a un chez vous, un nommé Métard, qui après la Libération sera liquidé. Il est rentré dans notre réseau il y a quelque temps. Notre chef a fait prendre des renseignements sur lui à Londres et on lui a répondu que s'il pouvait l'utiliser qu'il le fasse. Toutefois, le policier s'était trop mouillé à Lyon et, après la Libération, son compte sera réglé.

Entendant parler de la sorte de mon commissaire division-naire et du réseau avec lequel je collaborais, je ne fis absolu-ment pas l'étonné, paraissant simplement enregistrer ses dires comme si je n'étais que peu intéressé par ses révélations.

Le laissant sous la garde d'un collègue d'un bureau voisin, je téléphonais à M. Métard pour le mettre au courant de ce qui venait de se passer. Mon divisionnaire avait son bureau è l'intendance de police, avenue du Maréchal-Foch. Tandis que le siège de notre brigade était situé dans une belle villa de la rue André-Theurrier.

Quelques minutes plus tard arrivait mon chef de service. Nous avons convenu qu'au bout d'un certain laps de temps il viendrait me rejoindre dans mon bureau alors que je serais en compagnie de Lazeretti et qu'il agirait comme s'il était simplement l'un de mes collègues.

Effectivement, quelques minutes plus tard en la présence du commissaire divisionnaire Métard, j'invitais Lazeretti à me redire ce qu'il m'avait raconté. Avec bonne grâce et sans aucune méfiance il devait répéter exactement la même chose, à savoir que M. Métard serait liquidé après la Libération.

Calmement mais brutalement, mon divisionnaire lui dit :

— Métard c'est moi.

Sans sourciller ni se démonter le moins du monde, Lazeretti lui répondit :

— Ce que j'ai dit, j'ai dit et ce n'est que la vérité.

On s'en doute, le commissaire Métard ne fut pas long à se rendre chez le chef du réseau pour lui demander les explications qui s'imposaient. On devait alors le rassurer pleinement, en l'assurant que Lazeretti qui appartenait bien au réseau était un sacré bavard à l'esprit un peu trop imaginatif.

L'affaire devait en rester là.

Quelques temps après, un mois peut-être, je recevais un coup de téléphone de Lazeretti pour me demander de venir le voir d'urgence dans une villa qu'il me situa dans le quartier de Saint-Sylvestre à Nice. Il ajouta qu'il ne pouvait pas me donner plus d'explications au téléphone.

A ce moment, ma confiance en Lazeretti était très limitée, je pensais tout de suite à la possibilité d'un piège.

Je faisais le rapprochement avec l'affaire de Cannes et ses conséquences possibles. Je décidais d'emmener avec moi deux inspecteurs armés de mitraillettes. A proximité de la villa qui m'avait été indiquée, je dis à mes collègues :

— Je vais sonner à la porte de la maison et y pénétrer seul. Si dans cinq minutes, je ne suis pas sorti pour vous faire un signe voulant dire que tout allait bien, pénétrez à votre tour en forçant portes et fenêtres.

Quelques minutes plus tard, j'étais introduit dans la villa. J'y trouvais Lazeretti, Mario Caprino et leur maîtresse respective.

Le premier me dit :

— Depuis deux jours, j'ai les Allemands au cul ainsi que mon amie. Nous nous sommes provisoirement réfugiés chez des amis. Ils m'ont identifié ainsi que ma femme. Tous les deux nous avons besoin d'une fausse carte d'identité. Il faudrait faire vite car j'ai peur qu'ils ne découvrent ma cachette actuelle.

Il finissait à peine ses explications que, d'après le bruit fait à la porte, je compris que mes collègues intervenaient comme je le leur avais demandé. Je dis alors aux quatre personnes qui m'entouraient : « Ne bougez pas ! Ce sont mes collègues ».

Ce petit intermède devait provoquer une remarque de la part de la maîtresse de Jeannot Lazaretti qui se prénommait Jeannette.

— Je vois que la confiance règne !

Sans répondre, j'allais moi-même ouvrir la porte d'entrée pour dire à mes deux copains que tout allait bien et qu'ils pouvaient m'attendre dehors.

Après que Lazeretti m'eut remis une photo d'identité pour lui et pour sa femme, je lui fis savoir que j'allais rendre compte à M. Métard, qu'il savait être mon chef, ajoutant que le réseau serait aussi informé.

Effectivement, quelques minutes plus tard, mon chef de service était avisé. A son tour il se mettait en rapport avec le chef du réseau qui répondit :

— Vous pouvez établir une carte à Jeannot mais pas à sa maîtresse, nous ne la connaissons pas.

Le soir même la fausse carte était établie par M. Métard et par moi-même. J'étais allé acheter une carte vierge et le timbre de quittance tandis que mon chef s'était procuré le cachet d'un commissariat d'arrondissement. Une heure plus tard je remettais le faux document à Lazaretti.

Quelques jours après la Libération de Nice, M. Métard me demanda, téléphoniquement, de venir le voir à son bureau de l'intendance de police, avenue du Maréchal-Foch.

Peu après, il devait m'apprendre des choses qui devaient me laisser ahuri durant quelques instants. En effet, il me fit savoir que l'affaire Selini, de Cannes, était légitimée par la Résistance. Il devait me préciser qu'un commandant, appartenant à celle-ci était venu à son bureau lui présenter Raymond Chavournet. Il devait ajouter que cet officier lui avait affirmé avoir personnellement donné l'ordre à ce dernier d'exécuter une action punitive à l'encontre de l'israélite Selini et de son amie parce qu'ils étaient des traîtres. Enfin M. Métard me faisait connaître que c'était sur les instructions de ce commandant que Chavournet avait effectivement collaboré avec un service allemand, ce qui lui aurait permis d'obtenir des cartes d'identité de la police allemande et des armes pour lui et ses hommes. Ceci, à seule fin d'avoir une couverture, éventuelle, au cours d'actions commandées dans l'intérêt de la Résistance.

Immédiatement après ma stupéfaction, je « ruais dans les brancards ». J'étais furieux. J'affirmais à mon patron que cela n'était pas possible et que je ne pouvais admettre cette histoire. Le commissaire divisionnaire Métard me dit alors :

— Michel, j'ai tout d'abord réagi comme vous mais j'ai dû m'incliner. Les paroles de ce commandant ne peuvent être mises en doute. De plus Chavournet a versé une somme importante d'argent au brigadier de police blessé au cours de l'opération, au titre de dédommagement pour ce qu'il a subi.

Malgré tout ce que venait de me dire mon supérieur, pour moi les quatre hommes étaient des gangsters, des malfaiteurs de droit commun. Pour moi Chavournet et Lamasse qui se savaient identifiés devaient essayer de profiter des circonstances exceptionnelles pour se blanchir aux yeux de la police française, après avoir fait « croquer » certains éléments de la Résistance.

J'ai alors pensé que mon patron, qui était loin d'être un naïf, n'avait pas avalé une couleuvre de cette dimension sans avoir des excuses sérieuses. Je tenais compte que la période était tout à fait exceptionnelle. La légalité n'existait plus. Il lui était tout à fait impossible, à ce moment, de faire vérifier les dires de ce commandant F.F.I. qui, d'après ce que j'avais pu comprendre, n'appartenait pas au réseau auquel il avait adhéré et pour lequel il m'avait fait travailler. J'ai aussi pensé que, peut-être, il avait accepté cette version sur l'affaire sanglante qui s'était déroulée à Cannes, afin de se ménager des appuis et des défenseurs éventuels du côté de la Résistance. Je tenais compte du fait que des faits de collaboration, peut-être graves, lui étaient reprochés, à tort ou à raison, lorsqu'il était en fonction à Lyon.

Tout de même il m'était dur d'accepter la légitimation des actes tels que le vol de l'argent se trouvant dans le coffre du couple Selini ; l'enlèvement de la jeune femme, abandonnée toute nue dans la rue après lui avoir porté des coups de couteau dans le dos ; la rafale de mitraillette tirée sur une patroulille de gardiens de la paix après avoir crié à son intention « Ne tirez pas ! Police allemande ! », afin de les neutraliser. Pour moi tout cela n'avait pu être ordonné par la vraie Résistance. J'aurais aimé, aussi comprendre pourquoi Chavournet avait refusé de donner à M. Métard les noms des deux hommes ayant participé à l'agression de Cannes qui n'avaient encore pas été identifiés. Pourquoi ? Puisque c'étaient des Résistants et qu'il n'y avait plus d'Allemands dans le pays.

Il m'était impossible d'admettre que Pierre Lamasse soit un Résistant authentique animé de sentiments honnêtes. Il était déjà fiché à la police comme malfaiteur notoire. D'autre part, il avait mis son studio, alors inoccupé, à la disposition de Lucien Banlon, autre malfaiteur de droit commun, afin de le soustraire aux recherches de la police pour cette affaire du commissariat de Vallauris. En outre, il ne faut pas oublier que Banlon était ravitaillé chaque jour par le cabaret le « Canaris » qui était tenu par Marius Bacetto, le truand notoire de Cannes, connu comme étant le plus actif et le plus zélé collaborateur de la kommandantur et de la police allemande de Cannes.

L'ensemble de ces éléments m'avait largement convaincu que si cette agression de Cannes avait bien été légitimée par des autorités appartenant à la Résistance, il y avait lieu de douter du bien-fondé de cette mesure. Dans les jours qui suivirent, ma conviction devait encore se renforcer.

En tout état de cause, je devais me soumettre au jugement et aux ordres de mon chef de service. Je devais m'incliner, avaler mon mécontentement et, par la suite, faire semblant de considérer Chavournet comme un Résistant authentique.

Après l'agression de Cannes et l'identification de Chavournet et de Lamasse dans cette affaire, il fut procédé à la diffusion des signalements et photographies des sus-nommés aux divers services de police de la région. Les policiers ne manquèrent pas de faire des rapprochements avec les affaires sur lesquelles ils devaient enquêter. C'est ainsi que mon collègue, l'inspecteur-chef Jacques Marquetti de la police d'Etat, à la Sûreté urbaine de Nice, rue Gioffredo, un très bon policier, avait eu à s'occuper de plusieurs agressions dans sa ville. Ces méfaits avaient été commis antérieurement à l'affaire Selini de Cannes. Dans plusieurs de ces agressions dont il était chargé, Marquetti avait trouvé des similitudes dans les signalements des malfaiteurs ayant opéré. Il m'en parla et j'en ai convenu.

Dans deux de ces affaires niçoises les malfaiteurs étaient armés de mitraillettes et avaient opéré avec des cagoules. Il y eut d'abord l'attaque de la bijouterie Perona, rue Alberti, au cours de cette agression, le mari et sa femme, déjà âgés, furent dévalisés pour une valeur très importante de bijoux et pierres précieuses.

La deuxième agression a été commise au domicile de M. Paret, chirurgien-dentiste et de son épouse, rue du Congrès. Là encore les malfaiteurs étaient à quatre et avaient le visage recouvert d'une cagoule. Des bijoux de grande valeur furent dérobés. Au cours de ce vol le comportement des agresseurs fut particulièrement odieux sur la personne de la femme du chirurgien.

C'est enfin dans une troisième agression que Jacques Marquetti devait établir la participation de Lamasse dit « Pierrot le bijoutier ». Mme Ville, personne très fortunée et assez âgée, avait été attaquée à domicile et on lui avait dérobé, également, des bijoux de grande valeur. Cela s'était passé dans des circonstances différentes des deux autres.

On avait sonné à sa porte, prudente, elle devait jeter un coup d'œil à travers son judas avant d'ouvrir. Ayant aperçu une tête surmontée d'un képi de facteur, elle ouvrit sans plus de méfiance. Mal lui en pris car, en plus du soi-disant facteur, trois autres individus masqués firent irruption chez elle sous la menace d'armes. Ils devaient s'emparer de tous les bijoux de la vieille dame. Ceux-ci étaient très importants. Dans cette affaire, Pierrot Lamasse devait être reconnu sur photographie comme étant le malfaiteur ayant opéré à visage découvert et utilisant simplement un képi de facteur.

Il devenait évident que dans ces trois affaires seul Lamasse était identifié d'une façon certaine. Raymond Chavournet l'étant d'une façon moins déterminante.

Pour les autres complices, il n'y avait que des similitudes de signalement. Par la suite, le juge d'instruction chargé d'instruire ces agressions à mains armées ne manquerait pas, lorsque cela lui serait possible de faire des confrontations avec les victimes. Celles-ci à défaut d'avoir vu les visages avaient entendu le son des voix, remarqué la taille des malfaiteurs, leur comportement ainsi que d'autres petits détails.

Je parlais de ces affaires à M. Métard. Il me fit remarquer que pour l'instant, l'affaire Selini était légitimée par la Résistance. Seul Lamasse faisait l'objet d'un mandat d'arrêt pour sa reconnaissance dans l'affaire Ville.

M. Métard devait me préciser que Raymond Chavournet lui avait dit n'être pour rien dans ces agressions commises à Nice par des malfaiteurs masqués et qu'il se désintéressait de ce que Lamasse avait pu faire avant ou après l'affaire Selini.

Il me dit également que Chavournet n'avait voulu faire aucune révélation sur l'identité des deux autres individus qui avec lui et Lamasse avaient participé à l'affaire Selini.

C'est à cette époque que Jean Guettani me fut présenté par M. Métard. Par la suite, à son bar, je devais rencontrer une faune des plus hétéroclites.

Il y avait des voyous, des Résistants, des avocats, des hommes cherchant à se faire une place dans la nouvelle politique qui se dessinait. Raymond Chavournet y venait souvent.

J'avais dû m'incliner, à contre-cœur, devant cette légitimation de l'affaire Selini par la Résistance. Toutefois, je devais faire contre mauvaise fortune bon cœur.

Ne perdant pas de vue mon métier, il m'était apparu nécessaire de fréquenter « ce milieu » où j'avais beaucoup à apprendre.

Le fait de mon amitié pour Guettani, car j'avais appris ce qu'il avait fait pour moi, me permettait d'emblée d'être introduit dans le « grand milieu ». Je dis bien le grand et non le petit milieu niçois dont les lieux de fréquentation se situaient ailleurs, dans la vieille ville. Tous mes chefs m'avaient encouragé à fréquenter et à pénétrer ce « Milieu ». Tous, M. Zuccarelli, chef de la section criminelle, M. Stigny, qui dirigeait la brigade et le commissaire divisionnaire, M. Metard qui coiffait l'ensemble du service régional de police judiciaire, étaient d'accord. Ils étaient tous persuadés que je parviendrais à obtenir des renseignements très utiles pour le service. A maintes reprises, par la suite, les faits devaient leur donner raison.

Un jour Guettani me téléphona et me demanda de venir le voir. Dans son bar il me fit connaître qu'il avait été contacté par Pierrot Lamasse. Celui-ci voulait avoir un rendez-vous avec moi pour me parler, à condition que je lui donne ma parole que je ne ferais rien pour l'arrêter à l'occasion de cette rencontre. Je réservais ma réponse avant d'en parler à mon divisionnaire. M. Metard me dit :

— Je crois que vous pouvez accepter. De toute façon, vous ignorez où il se trouve en ce moment. Peut-être qu'au cours de cette rencontre, pourrez-vous avoir des renseignements susceptibles de vous aider à le découvrir et à l'arrêter par la suite.

En conséquence, ayant le feu vert, je demandais à Guettani de ménager ce rendez-vous. Je donnais ma parole de ne rien faire pour l'arrêter, ni le faire arrêter à l'occasion de ce rendez-vous, que ce soit avant, pendant ou dans les heures qui suivraient l'entrevue.

Peu après, j'étais avisé que je pourrais voir Lamasse au bar de Jean Guettani, le lendemain à 14 heures.

A l'heure dite, je me présentais au bar. Un cousin de Guettani que je connaissais bien me conduisit dans l'arrière-salle où je trouvais assis devant une petite table Pierrot Lamasse.

Je m'installai en face de lui, sans lui donner la main. Tout de suite il me dit :

— Ah ! C'est vous Michel, « le Marseillais » ! Vous savez que vous avez tué mon meilleur ami.

Ce à quoi je répliquais :

— Lorsque j'ai tiré, je pensais que c'était sur toi. C'est bien après que j'ai su qu'il s'agissait de Banlon que je ne connaissais pas d'ailleurs. Maintenant dis-moi ce que tu me veux.

Il me dit alors :

— Je vais m'expliquer. Tout d'abord vous savez que l'affaire Selini avait été ordonnée par la Résistance. Elle a été légitimée par la suite. Le professeur de gymnastique était un salopard.

En plus on m'a mis trois autres affaires sur le dos. Les affaires Merona, Paret et Ville. Dans les deux premières les « mecs » avaient des cagoules. Ces affaires-là ne m'inquiètent pas car on ne pourra jamais les reconnaître. Il y a une seule qui me gêne, c'est l'affaire Ville. Je sais que la bonne femme m'a reconnu sur photographie. Dans cette histoire, je vous jure que n'y suis pour rien et qu'elle se trompe. Malgré tout, je ne veux pas me battre pour cette affaire, plutôt je me ferai sauter, moi et elle.

Ecoutez, continua-t-il.

Vous êtes un homme intelligent. Je mets 500.000 F sur la table. Faites en sorte que Mme Ville ne me reconnaisse pas si jamais je suis confronté avec elle. Il vous suffira de lui faire comprendre que si elle me reconnaît, elle pourrait bien ne pas mourir de sa bonne mort.

Cinq cent mille francs après la Libération, c'était une très forte somme.

J'appréciais à sa juste valeur l'intelligente manœuvre de Lamasse pour éliminer la seule affaire qui risquait de l'envoyer en prison pour de longues années. Toutefois, je n'avais jamais mangé de ce pain là et je le lui dis.

Le cousin de Guettani avait assisté à l'entretien, il se leva et s'eclipsa discrètement pensant qu'il était de trop. Lamasse en le regardant partir dit alors :

— Ce con aurait pu comprendre avant.

Ce à quoi je lui répliquais :

— Sa présence ou pas ne change rien, ce n'est pas parce qu'il est parti que j'accepterai.

Là-dessus Lamasse se mit en colère et sortant de sa sacoche une nouvelle liasse de billets, il les mit sur la table en disant :

— Nom de D..., je mets 800.000 balles pour que vous marchiez.

Je me levai alors en lui répondant :

— J'ai donné ma parole et tu peux partir tranquillement, mais à partir de minuit je chercherai à t'arrêter par tous les moyens.

Sur ces mots je quittais le bar sans me retourner.

Evidemment, je n'avais rien appris de nouveau sinon que Lamasse était à Nice ce jour-là. Je n'en savais pas plus qu'avant.

Ce refus de me laisser corrompre devait être connu dans le « Milieu » et « le Marseillais » comme l'on m'avait surnommé, s'était assuré une réputation d'« incorruptible ».

*
* *

L'épuration à Nice et dans la région battait son plein. Les règlements de compte plus ou moins justifiés et quelquefois sans aucune justification du tout, ne se comptaient plus.

Chaque réseau, groupe ou mouvement plus ou moins légal prétendait faire sa propre justice sans se soucier de la légalité. C'est ainsi que notre chef de brigade, M. Stigny fut lâchement assassiné au cours d'un contrôle dans le département des Basses-Alpes. Pourtant nous savions tous à la brigade, qu'il était pour la Résistance. Les derniers temps il devait même être en rapport

avec les troupes alliées. Dès l'arrivée des troupes américaines
à Nice, dans les heures qui suivirent, notre chef devait recevoir
la visite d'un officier supérieur américain arrivé en jeep. Je
parlerais de cet abominable assassinat en détail plus loin.

En ce qui concerne notre commissaire divisionnaire,
M. Metard, nous savions désormais, tous à la brigade, que
certaines choses lui étaient reprochées du temps où il était en
fonction à Lyon. Personnellement je pensais qu'il serait défendu
par ses chefs du réseau « Marine » et, probablement, par d'autres
Résistants encore. Malgré tout les actes d'illégalités devaient
devenir tels à un certain moment, que M. Metard devait prendre la décision d'abandonner ses fonctions et de se mettre en
« cavale » de peur de subir le même sort que son malheureux
second, le commissaire principal Stigny.

Lorsque les choses rentrèrent dans l'ordre, la légalité étant
enfin respectée, partout en France, M. Metard devait se présenter de lui-même à la justice et se justifier pour les faits qui
lui étaient reprochés. Peu de temps après, il devait être réintégré
dans ses fonctions et prendre la direction du service régional
de police judiciaire à Montpellier.

En ce qui concerne Raymond Chavournet, il ne se cachait
pas et fréquentait régulièrement le bar de Jean Guettani, près
de la gare d'abord puis dans son autre établissement qu'il
exploita plus près de la Promenade des Anglais.

Il déféra aux convocations de M. Serre, juge d'instruction
qui instruisait les affaires Merona, Paret et Ville. Au cours de
plusieurs confrontations les victimes déclarèrent le reconnaître
à la voix et à d'autres signes particuliers, malgré le port de la
cagoule.

Pour ces affaires, il devait passer quand même aux assises
des Alpes-Maritimes devant lesquelles il pensait devoir être
acquitté, sûr de ne pas être reconnu formellement.

A cette audience, mon collègue Jacques Marquetti, inspecteur à la police d'Etat de Nice était naturellement cité à témoin. C'était lui qui avait mené les enquêtes sur les trois affaires d'agression de Nice.

Moi-même, j'avais été cité à témoin par l'accusation pour le fait que j'avais identifié Chavournet dans l'agression commise à Cannes et que j'avais eu l'occasion de manifester mon accord avec l'inspecteur Marquetti sur la participation de Chavournet sur les trois affaires de Nice.

A la barre des témoins, le président me demanda comment j'avais pu établir ma conviction sur la participation de l'accusé aux trois affaires de Nice. Je commençais ma déposition en voulant relater l'affaire Selini de Cannes qui m'avait permis d'identifier l'accusé. A peine avais-je dit les premiers mots que l'avocat de Chavournet, connu comme le meilleur de la Côte d'Azur, se levait brusquement de son siège pour m'interpeller vivement.

— Vous n'avez pas le droit de parler de cette affaire de Cannes. Elle a été légitimée par la Résistance !

Me tournant vers le président, je devais répliquer :

— Je ne vois pas comment je pourrais parler de l'accusé et m'expliquer sur ma conviction que cet homme ait pu participer aux trois affaires de Nice, si je ne peux dire comment j'ai été amené à connaître cet homme, dans quelle affaire et dans quelles circonstances.

Le président fut convaincu. Il m'autorisa à parler de cette affaire malgré l'intervention de l'avocat.

En quelques phrases, j'ai donc pu faire connaître que l'accusé avait été le chef d'un commando de quatre hommes, armés de mitraillettes, qui après s'être présenté aux victimes comme policiers allemands, avec papiers germaniques à l'appui, s'était emparé d'une très grosse somme d'argent déposée dans le coffre de l'appartement. Ceci, après avoir complètement dévêtus Anne Lacroix et Jim Selini et avoir lié les poignets de ce dernier. Je devais souligner qu'après la fuite de Selini, qui avait pu sauter par la fenêtre du premier étage, les choses les plus graves avaient été commises. Il y avait eu tir à la mitraillette sur une patrouille de gardiens de la paix, blessant grièvement un brigadier et surtout, la tentative d'enlèvement de Anne Lacroix, toute nue, par l'accusé en personne, et l'abandon de celle-ci au milieu de la rue, après que Chavournet lui ait porté deux coups de couteau dans le dos.

Dans les trois affaires d'agression de Nice, la reconnaissance de Chavournet par les témoins et victimes, était plutôt floue. Le malfaiteur devant être identifié ne pouvait l'être que par des similitudes sur sa stature et sur sa voix. Celui-ci étant porteur d'une cagoule. Même la conviction personnelle que je pouvais exprimer à la barre sur la participation de Chavournet dans ces trois affaires de Nice ne pouvait avoir la valeur d'une certitude. En définitive, l'identification de Chavournet ne pouvait être qu'incertaine.

Par contre, dans l'affaire de Cannes, les actes commis par l'accusé étaient nets et précis. Ils étaient bien établis. Ils avaient même été reconnus, entièrement, par Chavournet lui-même. C'était de notoriété publique. Il avait reconnu avoir organisé et exécuté cette action punitive sur ordre de la Résistance. Elle avait été légitimée comme telle.

Le réquisitoire du ministère public fut très sévère. L'accusé devait être condamné à cinq années d'emprisonnement.

Après cette sentence, j'ai eu la nette impression que les membres du jury avaient reconnu l'accusé coupable beaucoup plus pour ce qui s'était passé à Cannes que pour sa participation aux trois affaires niçoises. Ce n'était pas sans raisons que l'avocat de Chavournet voulait m'interdire de parler de l'agression commise à Cannes.

Par la suite, une fois libéré, Chavournet devait continuer

une vie de gangster. En voulant forcer un barrage de police, dans l'ouest de la France, il devait être grièvement blessé à une jambe. Par la suite il devait être contraint à porter des béquilles. Un peu plus tard, il devait mourir des suites de cette blessure.

En ce qui concernait Lamasse, d'après les renseignements que j'avais pu recueillir par la suite, il avait quitté le Midi de la France, immédiatement après notre entrevue dans le bar de Jean Guettani. Il ne devait jamais être poursuivi pour l'agression de Cannes du fait que cette affaire avait été légitimée par la Résistance.

Longtemps après j'avais été informé par mon collègue Jacques Marquetti de Nice, que Mme Ville était revenue, à l'instruction, sur sa reconnaissance de Lamasse, en képi de facteur, sur la photographie anthropométrique qui lui avait été présentée après son agression. Etant donné que cette dame avait eu l'occasion de dire à cet inspecteur qu'elle avait rencontré Pierre Lamasse à Marseille, j'en ai immédiatement déduit qu'il avait réussi à faire lui-même et gratuitement, ce qu'il m'avait proposé de faire pour de l'argent dans ce bar du boulevard Raimbaldi à Nice.

Quelques années plus tard Jacques Marquetti, qui était toujours à la Sûreté urbaine de Nice alors que j'avais été nommé au S.R.P.J. de Marseille, devait l'identifier, une fois de plus, pour avoir participé à l'attaque d'une bijouterie de l'avenue de Verdun à Nice. Par la suite il devait être arrêté alors qu'il exploitait, sous une fausse identité, une importante brasserie dans une ville de l'ouest de la France. Je ne me souvient plus de la durée de sa détention après cette arrestation.

En 1961, Lamasse était à nouveau recherché et en mars de la même année il était condamné à mort par contumace par la Cour d'assises des Alpes-Maritimes pour vols qualifiés. Peu après cette condamnation il devait être arrêté mais pour s'évader peu après. Il ne fut repris qu'après deux ans de « cavale ».

En 1966, il était présent devant la Cour d'assises des Alpes-Maritimes et celle de la Seine qui le condamnaient, respectivement, à 15 ans et 20 ans de réclusion. Une fois de plus il devait retrouver la liberté avant l'expiration de sa peine la plus courte, bénéficiant, semble-t-il, d'une grâce conditionnelle.

Le 26 octobre 1976, Pierre Lamasse était à nouveau arrêté au cours d'une opération d'envergure effectuée par le S.R.P.J. de Marseille, conjointement avec son détachement de Nice. C'était l'aboutissement de l'enquête effectuée sur le fameux « casse du siècle » réalisé dans la salle des coffres du siège de la Société Générale de Crédit de Nice par le « gang » dit des égoutiers. Les malfaiteurs s'étaient introduits dans cette salle après avoir percé, au cours d'un travail gigantesque de longue haleine, un énorme mur la séparant du réseau des égoûts de la ville. Un butin estimé à quatre milliards et demi de centimes, de l'époque, avait été réalisé.

A la suite de ce cambriolage hors du commun, la réputation de « cerveau » de l'affaire avait été attribuée par la presse, au nommé Albert Spaggiari. Peu après son arrestation, cet homme avait réussi à s'évader du bureau du juge d'instruction d'une façon spectaculaire. Spaggiari devait mourir d'un cancer après 12 ans de cavale. Son corps devait être déposé, par des inconnus, au domicile de sa mère à Hyères (Var) dans la première quinzaine de juin 1989.

Pour revenir à Pierre Lamasse, dit « Pierrot le bijoutier », il faisait partie d'un lot de six individus qui avaient été transférés de Marseille à Nice pour être présentés devant le magistrat instructeur. Celui-ci deviaient les inculper et les faire écrouer à la Maison d'arrêt de Nice. Pierre Lamasse était alors âgé de 62 ans. Apparemment, il n'avait encore pas pris sa retraite.

A son arrivée au Palais de justice de Nice, Lamasse, peu ému, devait encore faire un pied de nez aux journalistes et à la foule venus assister à sa descente de voiture menottes aux mains.

Par la suite, Pierre Lamasse ne devait même pas aller jusqu'aux assises. Bien avant il devait bénéficier d'un non-lieu. Selon certains magistrats, Lamasse ainsi que d'autres inculpés auraient bénéficié de cette mesure plus par défaut de preuves que par l'évidence de leur innocence.

UN BARON DE LA PEGRE

Avant de quitter cette ambiance toute spéciale que j'ai connu à la P.J. de Nice durant les mois qui ont précédé ou suivi la fin de l'Occupation de la région niçoise par les troupes allemandes, je voudrais parler de deux hommes. Je désire surtout parler de Joseph Renucci, dit « Jo le Marseillais » qui a si souvent défrayé la chronique dans les années qui ont précédé la guerre de 39-45 et même dans celles qui ont suivi. Accessoirement, je devrais parler aussi de son frère que je prénommerai Léon.

Alors que jusqu'à présent, par discrétion, j'ai toujours utilisé des noms supposés pour parler de criminels, de malfaiteurs, de truands en tous genres ou d'individus simplement douteux, je ferai une exception en donnant le véritable état-civil de « Jo le Marseillais ».

Si un Gotha avait existé pour le monde de la pègre, le nom de Joseph Renucci y aurait figuré en bonne place au même titre que ceux des Carbone dit « Venture », Spirito dit « Lidro », Auguste Mella, Ange Salicetti ou les frères Guérini. Tous ces Marseillais-Corses ont été popularisés et l'on peut dire que leurs noms sont maintenant du domaine public. Tous les journaux de France et de Navarre, ainsi que de nombreux ouvrages, ont publié leurs exploits ou leurs démêlés avec la justice.

Je dois préciser que je n'ai jamais été personnellement chargé d'une affaire concernant les deux hommes en question et que je n'y ai même jamais participé. Simplement, durant la fin de l'Occupation, j'ai eu à m'occuper des deux frères et, à la demande du Parquet de Nice, j'ai eu à faire un rapport de renseignements sur les activités de « Jo » dans la région niçoise.

Si je trouve opportun de faire connaître certaines affaires dans lesquelles les deux frères ont été impliqués c'est d'abord parce que je les crois intéressantes et ensuite parce que je désire porter témoignage de l'ambiance dans laquelle se mouvaient des hommes de toutes qualités et de toutes conditions durant cette période exceptionnelle.

Tout d'abord je voudrais camper ces deux frères. Au moment de la Libération de Nice, « Jo » avait 36 ans tandis que Léon en avait 43. Physiquement ils étaient très différents l'un de l'autre. « Jo » était d'une taille un peu en dessous de la moyenne. Il était mince avec un visage peu coloré, rusé et laissant deviner chez lui une certaine violence et un esprit coléreux. Par contre Léon, légèrement plus grand, était d'une corpulence assez forte. Il avait une tête ronde et rougeaude. Il avait l'air d'un « brave homme » comme l'on dit à Marseille. Je l'aurais très bien vu, en soutane, dans le personnage d'un bon curé de campagne. « Jo » était un « dur » et cela se voyait, Léon l'était beaucoup moins et de plus il donnait l'impression d'avoir un côté tendre et sentimental. Cela devait être vrai puisque j'avais appris que lorsqu'un de ses enfants avait 40° de fièvre il lui arrivait de pleurer. Ils étaient donc très différents.

Pour commencer je parlerai d'une affaire qui avait placé Léon Renucci au premier plan de l'actualité à Nice.

Fin novembre 1942, un mois avant que je sois affecté à la 18ᵉ brigade régionale mobile à Nice, le commissaire principal Stigny devait, très habilement, mener à bien une opération qui à l'époque avait fait sensation.

Peu de temps avant, un vol d'un montant global de 35 millions de francs, de l'époque, avait été commis à Paris dans l'hôtel particulier de M. Raymond Patenôtre, ancien ministre. Parmi de nombreux bijoux se trouvait un magnifique diamant de 20 carats de forme rectangulaire et d'une taille tout à fait spéciale valant à lui seul 14 millions de francs.

L'enquête, menée à Paris, n'avait pas permis l'identification des auteurs de ce vol.

Vers la mi novembre, un important joaillier parisien était informé qu'un magnifique diamant était à vendre à Marseille, par le propriétaire d'un cabaret marseillais nommé Léon Renucci. La personne qui en avait parlé au joaillier était un ami commun aux deux hommes.

Intéressé le joaillier se rendit dans la citée phocéenne trouver Léon. Le diamant fut montré et l'homme de l'art reconnut immédiatement la pierre qui avait été dérobée à M. Patenôtre. Léon en demandait 10 millions. Il y eut une suite de pourparlers et de rendez-vous. Par mesure de sécurité la pierre n'était pas toujours présentée. Le joaillier disait être intermédiaire entre un acheteur éventuel et Léon.

Les faits étaient parvenus à la connaissance de M. Stigny qui dirigeait la brigade. Tout d'abord l'arrestation de Léon, à Marseille, suivie d'une perquisition à son domicile et dans son établissement étaient envisagées. Ce projet fut abandonné car il ne semblait pas qu'il fut le meilleur moyen pour être certain de récupérer la pierre et en même temps la preuve du recel. La réputation de Léon était telle qu'il ne fallait pas faire une fausse manœuvre. Si le diamant n'avait été découvert au cours de l'opération projetée, tout d'abord, c'était une affaire terminée.

Monsieur Stigny fut informé que le joaillier devait conduire Léon vers l'acheteur. Il fallait l'arrêter au moment où il apporterait, lui-même, le diamant à l'endroit prévu pour la transaction.

Méfiant, Léon refusa tout d'abord d'apporter la pierre à

une adresse quelconque, puis sur proposition de ce dernier la vente faillit se faire à Marseille, sur le quai de Rive-Neuve, chez un ami de Léon, le nommé Joseph Luppi. Cette fois, c'est le joaillier qui refusa. A l'hôtel « Splendid », Marseille, on organisa une première prise de contact entre Léon et le soi-disant acheteur qui par la suite et pour toujours devait garder l'anonymat de peur de représailles.

Enfin Léon, le joaillier et l'acheteur convainrent ensemble que l'affaire serait traitée à l'hôtel « Négresco » à Nice et que pour la garantie de l'opération, l'acheteur devrait consigner la somme d'un million de francs entre les mains de l'ami commun du joaillier et de Léon, dans une petite localité du département du Var.

Naturellement tous ces contacts étaient surveillés par les inspecteurs de la 18e brigade. Le joaillier comme Léon faisaient l'objet de filatures constantes.

La caution versée en garantie à l'ami commun devait rapporter à ce dernier la somme de 100.000 F pour prix de sa complaisance. Le lendemain Renucci se rendait dans le Var afin de vérifier si le million avait bien été versé.

Le soir même, M. Stigny était informé que le lendemain 30 novembre à 14 heures 30, Léon arriverait au « Négresco », en voiture automobile, pour effectuer la vente.

Immédiatement un dispositif fut mis en place. Tout d'abord il était apparu au chef de brigade qu'une irruption dans la chambre du joaillier, où en principe devait se traiter l'affaire, pouvait faire courir des risques à ses inspecteurs vu, d'une part, la disposition de la pièce et de ses dépendances et d'autre part, la réputation de Léon. Il fut alors convenu avec l'acheteur, qu'après que le diamant lui eut été montré il ne conclurait pas le marché de façon à ce que Léon s'en retourne porteur de la pierre. Un signe particulier de l'acheteur devait confirmer qu'il était en possession de celle-ci. C'est à ce moment là que les policiers interviendraient.

M. Stigny disposait deux inspecteurs à l'extrémité du couloir du troisième étage où se trouvait la chambre du joaillier. Lui-même et deux inspecteurs se dissimulaient à l'autre extrémité derrière un rideau. Deux autres, dont mon ami d'enfance Portal, dont j'ai déjà parlé, admirablement déguisés en valets de chambre, se trouvaient aux abords immédiats de la chambre du joaillier.

Une surveillance avait été également mise en place autour du « Négresco ». Quatre inspecteurs étaient là pour parer à toutes éventualités.

Effectivement, vers 14 h 30, la voiture attendue arrivait devant le « Négresco ». Léon en descendait en compagnie de son ami et complice Joseph Lippi. Immédiatement les deux hommes se faisaient conduire à la chambre du joaillier. Un quart d'heure plus tard tous deux en ressortaient et redescendirent vers le hall d'entrée.

Les policiers étant prévenus, par le signe convenu, que l'un des deux hommes était porteur du diamant, ils furent immédiatement appréhendés.

Aussitôt fouillés à corps, Léon fut trouvé porteur d'un pistolet automatique « parabellum », calibre 9 mm chargé de huit balles, dont une dans le canon, qu'il portait à sa ceinture. Quant à Lippi, des mimiques significatives permirent, immédiatement aux policiers de se rendre compte qu'il cherchait à avaler quelque chose. La pierre devait être trop grosse et il devait finalement la cracher dans la main d'un inspecteur.

Naturellement, par la suite, les deux hommes racontèrent des histoire abracadabrantes tendant à faire croire qu'ils ne connaissaient pas l'origine frauduleuse de la pierre. De même leurs déclarations ne permirent pas l'identification des malfaiteurs ayant commis le vol lui-même.

Léon Renucci devait être sévèrement condamné par le tribunal correctionnel de Nice pour recel et port d'arme. En appel, sa peine devait être fortement réduite. Il devait être détenu à la Maison d'arrêt de Nice pendant un certain temps avant d'aller finir sa peine à Nîmes.

Le magnifique joyau fut restitué à M. Patenôtre qui vivait alors dans une superbe propriété à la pointe du Cap d'Antibes.

Tout au début de mon affectation à Nice, un mois après les faits, notre chef avait redouté que les malfaiteurs ne cherchent à s'emparer, à nouveau, de la célèbre pierre qui avait été placée dans le coffre de cette propriété. Durant plusieurs semaines deux inspecteurs se relayaient pour passer deux journées complètes dans les lieux afin de surprendre, éventuellement, les bandits en flagrant délit. A deux reprises j'ai participé à cette « planque ».

Joseph Renucci, dit « Jo le Marseillais » était un caïd légendaire de la pègre. Durant sa vie il a été mêlé à des affaires de port d'armes, de coups et blessures, d'agressions à main armée, de trafics de drogue, etc., et aussi à de tragiques règlements de comptes. Souvent cité il n'était que rarement poursuivi. Dans la plupart des cas, il bénéficiait d'un non-lieu à l'instruction ou d'un acquittement devant une juridiction de jugement.

Le 18 février 1937 des agresseurs attaquaient deux encaisseurs du Crédit Commercial de France sur le quai des Etats-Unis à Nice. Ils transportaient dans une poussette, la somme d'un million trois cent cinquante mille francs de l'époque. Deux hommes armés s'étaient emparé de l'argent pendant qu'un complice demeurait au volant d'une voiture Hotchkiss. A cette époque une agression comme celle-là était considérée comme très audacieuse. A l'heure actuelle un hold-up dans la rue, sur la personne d'un encaisseur est devenu extrêmement banal. Même des débutants se le permettent. Il n'en était pas de même en ce temps-là. Seuls des malfaiteurs chevronnés, des « durs de durs » étaient capables d'une telle audace.

La voiture utilisée pour commettre l'agression avait été volée. Fait important, des témoins avaient reconnu « Jo » Renucci au volant de celle-ci bien avant l'agression, alors qu'il était seul à bord. Il avait trente ans à ce moment.

Immédiatement il fit l'objet d'un mandat d'arrêt. C'est à Marseille, en juillet 1938, qu'il devait se faire arrêter. Transféré à Nice il était écroué aux Nouvelles prisons. Devant le juge d'instruction il devait nier sa participation à l'agression avec énergie. Confronté avec les témoins ayant assisté au hold-up, il ne put être reconnu formellement. Par contre il le fut par ceux qui l'avaient vu conduisant la Hotchkiss qui, peu après, devait être utilisée par les malfaiteurs. Sans se démonter, « Jo » expliqua qu'effectivement il avait bien circulé, sans se cacher, seul au volant de cette voiture. Il ne savait même pas que le véhicule avait été volé. Il précisa que c'était son ami Auguste Mela qui lui avait prêté la voiture comme si c'était la sienne. Auguste Mela était un malfaiteur qui s'est rendu célèbre pour avoir organisé et dirigé l'attaque d'un train transportant des lingots d'or dans la région marseillaise le 22 septembre 1938, deux mois après l'arrestation de « Jo » Renucci. L'affaire du train de l'or était bien connue du public à l'époque.

« Jo » Renucci se plaignait amèrement que son ami Mela le laissait soupçonner, depuis plus d'un an, sans rien faire alors qu'il le savait innocent. C'était une bonne façon de se défendre. Pour Mela, une affaire de plus sur le dos cela ne pouvait le déranger beaucoup. Si toutefois, un jour, des comptes lui avaient été demandés pour cette affaire on aurait « noyé le poisson » entre amis.

Deux amis de « Jo », présumés complices devaient être appréhendés et confrontés avec divers témoins. Ils devaient être relâchés sans inculpation.

En définitive les éléments de culpabilité à l'encontre de « Jo » Renucci étaient plutôt faibles et son avocat ne devait pas tarder à demander la liberté provisoire de son client. Elle fut refusée. Toutefois, par la suite, elle devait lui être accordée. Néanmoins l'instruction suivait son cours et « Jo » était un inculpé libre.

La guerre survint et cette affaire traîna en longueur. Les faits étaient oubliés par le grand public mais pas pour la justice. L'affaire n'était qu'en sommeil. Des faits nouveaux sur cette affaire pouvaient toujours se produire, mais c'est en vain qu'on les attendait.

Le 19 mars 1943, six ans après, « Jo » Renucci était arrêté, à Nice, par les autorités italiennes d'occupation pour un motif politique qui n'a jamais été précisé à la police française. Il fut détenu à Imperia (Italie) jusqu'en octobre 1943 puis libéré.

Le 4 mars 1944, « Jo » était de nouveau arrêté à Nice, mais cette fois par la feldgendarmerie. A son domicile, dans cette ville, les Allemands découvrirent deux revolvers. Il prétendit que ces deux armes ne lui appartenaient pas. Néanmoins le tribunal militaire allemand d'Avignon le condamna à quelques mois de prison. Il devait purger sa peine à Nice, au carré réservé au troupes d'occupation de la Maison d'arrêt de cette ville.

Subitement, dès que le fait fut connu, pour certains policiers, pour la Résistance et pour bien d'autres personnes, « Jo » le « gangster » était devenu un personnage plus sympathique.

Le commissaire divisionnaire Métard dirigeait à l'époque, à la fois la 18e brigade régionale et la Sûreté niçoise. Tandis que la première appartenait à la Sûreté nationale, la deuxième appartenait toujours à la police d'Etat. L'unification des polices ne devait se faire que beaucoup plus tard. M. Métard devait être sollicité par des Résistants, d'assez haut niveau, qui, par la suite, devaient occuper une place prépondérante dans la vie politique de la ville de Nice bien après la Libération de celle-ci. Il lui était demandé, dans la mesure du possible et le cas échéant, d'avoir une certaine bienveillance pour « Jo » Renucci, victime des allemands.

C'est ainsi que j'ai été mis en rapport avec Léon, le frère de « Jo » qui était déjà sorti de prison. Je supposais alors qu'il avait dû bénéficier d'une grâce conditionnelle très avantageuse. Il était venu à Nice pour s'occuper de son « frangin ». J'ai été amené, également, à faire la connaissance de la maîtresse de « Jo » avec laquelle il vivait, dans son appartement de Nice avant son arrestation par les allemands. C'était une artiste chorégraphique du nom de Lili Marli. Cette personne, de même que les amis de « Jo », faisait tout pour lui rendre la vie en prison le plus agréable possible. Chez cette femme j'ai assisté à la confection de plusieurs colis qui lui était destinés. Ils étaient tout en longueur. La largeur ne devait pas dépasser 8 à 10 centimètres. C'était, m'avait-on dit, afin qu'ils puissent passer entre certains barreaux du carré réservé aux troupes d'occupation. A chaque fois il était gâté. Il y avait toujours la petite bouteille de « Pastis », du papier de très bonne qualité pour le W.C., des savonnettes parfumées, etc.

« Jo » était détenu pour une cause qui ne pouvait qu'être honorable, à l'époque, puisqu'il était prisonnier des allemands. Je me devais de fermer les yeux pour ces infractions mineures aux règlements pénitentiaires et autres. Mes chefs, que je tenais au courant s'en amusaient avec moi. Ils m'encourageaient à garder ces contacts avec le « milieu » qui procuraient au service une documentation précieuse.

Léon Renucci me parlait de son frère comme d'un fils : « Ce petit, il m'en aura donné du soucis ». Au cours des diverses conversations que j'ai eu l'occasion d'avoir avec lui, il se flattait de connaître intimement des hommes politiques importants et d'avoir bénéficié, ainsi que son frère de nombreux appuis. Entre autre, il s'est vanté, quelques années auparavant, d'avoir fait nommer un Procureur de la République à l'avancement afin de lui faire quitter son arrondissement. Il savait que ce magistrat était très sévère, qu'on ne pouvait le toucher et qu'il devait requérir contre son frère dans une affaire correctionnelle.

Il devait m'apprendre aussi que durant sa détention à la Maison d'arrêt de Nice il n'avait pas été malheureux. Malgré les restrictions alimentaires de l'époque, surtout en prison, il n'avait manqué de rien. Non seulement il avait bien mangé, mais il en avait même fait profiter son entourage. A ses dires il avait fait repeindre et reblanchir le greffe de la prison ainsi que l'appartement du surveillant-chef ou du directeur, je ne me souvient plus très bien. Par la suite, transféré à la prison de Nîmes, il était, disait-il chargé de faire les courses en ville. Il m'était assez difficile de croire tout ce qu'il me racontait, néanmoins, ce qui va suivre m'a permis, par la suite, de lui accorder une certaine crédibilité.

Naturellement, cela faisait longtemps que Léon n'avait pas vu son frère. Il voulait pouvoir l'embrasser. On intervint en sa faveur auprès de M. Métard qui accepta de lui faciliter une entrevue avec « Jo ». Il me chargea personnellement de faire le nécessaire.

Durant cette période de l'Occupation, et même assez longtemps après, les services de police avaient des pouvoirs qu'ils n'avaient pas en temps normal. Aussi il n'avait pas été nécessaire d'obtenir une quelconque autorisation d'un magistrat pour introduire Léon à la Maison d'arrêt et lui laisser embrasser son frère.

Avec Léon nous prîmes rendez-vous. Les taxis-autos n'étaient plus en circulation depuis longtemps. Il n'y avait que des voitures à chevaux. C'est en calèche qu'il vint me chercher à la brigade. Tout d'abord, il donna l'ordre au cocher de nous conduire dans un petit restaurant de luxe de la rue de la Buffa qui était tenu par Mario Caprino dont j'ai déjà parlé. Un homme du « Milieu », ami de Jeannot Lazeretti. Apprenant que nous allions voir le frère de Léon, il s'empressait de préparer un gros colis de victuailles. Il savait que je n'étais pas là pour faire une affaire de marché noir, aussi il entassait gâteaux et conserves fines. J'avais toujours pensé que l'établissement ne devait recevoir que des clients mangeant au « noir » et au prix fort. Voyant que j'étais quand même un peu gêné, de plus je ne savais pas comment les gardiens de la Maison d'arrêt allaient accepter la chose, Léon lui dit : « Arrêtes ! On ne va pas faire « la bombe » au cabanon ! ». Il enleva même quelques boîtes.

Toujours en calèche nous prîmes le chemin de la Maison d'arrêt. Devant celle-ci, le cocher reçu l'ordre de nous attendre. Je sonnais à la grande porte cochère et le judas s'ouvrit. Je n'eus pas à montrer ma carte professionnelle car je fus reconnu par le gardien qui ouvrit aussitôt le portillon.

Apercevant Léon il poussa un « ho ! » de stupeur et s'écria : « Léon ! C'est Léon ! ». Les deux hommes tombèrent dans les bras l'un de l'autre. Dès qu'il eut refermé le portillon de la porte principale, le gardien ouvrit celle de la première grille. Après l'avoir refermée à clé, après notre passage, il nous précéda en courant vers le bureau du greffe en s'écriant encore : « Léon ! C'est Léon ! ». Trois gardiens ou gradés se levèrent précipitamment et il y eut embrassades générales. De cela j'en ai été le témoin et je peux affirmer que Léon avait laissé de très bons souvenirs après son séjour à la Maison d'arrêt de Nice.

L'émotion générale s'étant apaisée on alla chercher « Jo ». Là, c'était normal il y eut d'autres embrassades. En voyant le colis que son frère lui remettait, « Jo » lui dit : « Tu es fou ! J'ai tout ce qu'il me faut ici. Remportes-moi ça. » En définitive sur l'insistance de son frère « Jo » garda le colis.

Après de nouvelles effusions avec les gardiens du greffe, nous regagnâmes la grande porte principale, précédé par le gardien qui nous avait reçu. A ce moment Léon regarda son uniforme et s'écria :

— Comment ! Tu n'es pas encore brigadier ?

— Non ! Comme tu vois, répondit le gardien d'un air penaud.

— Ne t'en fais pas ! Je m'en occupe !

Sur ce, derniers adieux touchants et nous reprîmes notre calèche. Je demandais à Léon de me déposer en ville. J'étais héberlué de tout ce que j'avais vu et entendu.

Par la feldgendarmerie j'avais appris que « Jo » devait être libéré par les allemands le 12 juillet. Son frère et ses amis pensaient qu'il allait quitter la Maison d'arrêt. Ils se trompaient. La police avait été complaisante pour « Jo » prisonnier des allemands mais elle n'ignorait pas qu'il était toujours inculpé pour l'agression du Crédit Commercial de France et qu'il devait être jugé en assises comme accusé libre. De peur qu'il ne se dérobe et ne se présente jamais, mes chefs sollicitèrent une détention administrative comme cela pouvait se faire à cette époque. Je précise une détention provisoire. Cela fut fait en vertu d'un billet d'écrou du préfet régional des Alpes-Maritimes en date du 12 juillet.

Ainsi « Jo » restait à la Maison d'arrêt bien que n'étant plus le détenu des allemands. Le Parquet de Nice avait été tenu au courant et le 13 juillet, le chef de la Sûreté de Nice notifiait à « Jo » qu'il devait comparaître devant la cour d'assises des Alpes-Maritimes le 25 juillet 1944.

C'est à ce moment que M. le Procureur de la République à Nice me demanda, personnellement et verbalement, de lui faire un rapport détaillé sur l'activité de « Jo » durant les dernières années écoulées.

A cette époque, et depuis quelques années, « Jo » avait

des moyens d'existence valables qui lui rapportaient beaucoup. A la déclaration de guerre « Jo » n'avait pas été mobilisé. Il avait été réformé. En septembre 1939, en association avec son frère Léon et son ami Joseph Lippi, il achetait un cabaret à Marseille, qui, par la suite, devait avoir la préférence de la haute société marseillaise. Bien que cette affaire rapportait beaucoup à ses propriétaires, « Jo » devint l'impresario d'un grand orchestre à la mode. Peu après, ayant acquis une certaine expérience en cette matière, en juillet 1940 il achetait l'orchestre américain « Bob Gordon » composé de vingt-deux éléments et duquel il devint, également, l'impresario. Début 1941 Joseph Renucci possédait une maison d'éditions musicales à Marseille. Le titulaire de la licence d'édition lui avait cédé 90 % de ses droits, continuant à s'occuper de la bonne marche de l'affaire. Celle-ci ayant prospéré, « Jo » prit un co-éditeur à Paris, pour la région parisienne et l'étranger. En 1942, en association avec son cuisinier, « Jo » se rendait acquéreur d'un important restaurant, toujours à Marseille.

Durant cette période il fréquentait les milieux artistiques du cinéma et du music-hall. Bien qu'ayant des moyens d'existence bien établis « Jo » n'a jamais cessé ses relations avec le « Milieu » de Marseille et d'ailleurs. Sa vie a toujours été marginale. C'était un casse-cou, il aimait l'aventure et les risques.

A l'audience des assises du 25 juillet, l'avocat de « Jo » n'avait pu être présent. D'autre part les avocats qui avaient été désignés d'office estimèrent qu'ils n'avaient pas eu le temps d'examiner le dossier. En conséquence ils demandèrent le renvoi à la prochaine session, ce qui fut accordé par le tribunal. La liberté provisoire dont il avait bénéficié antérieurement fut maintenue. Néanmoins, pour la police, son internement administratif, à titre provisoire, également, ne prenait pas fin. Il devait rester emprisonné jusqu'à son jugement définitif.

Aux assises suivantes, qui eurent lieu bien après la Libération de Nice, le 13 juin 1945, il fut acquitté. Il avait été
défendu par deux « ténors » du barreau, l'un de Nice, l'autre
d'Aix-en-Provence. Il y avait de fortes présomptions mais pas
de preuves. Il faut dire aussi que huit années s'étaient écoulées
depuis. L'affaire avait beaucoup perdu de son intérêt et de
son importance. En outre « Jo » avait une auréole de Résistant.

Une fois libéré « Jo le Marseillais » demeura encore plusieurs mois à Nice tandis que son frère regagnait Marseille
définitivement.

Par d'autres que par « Jo » j'avais appris que durant sa
détention, sa maîtresse, un peu lassée de l'attendre, s'était mise
en ménage avec un monsieur très bien, un industriel je crois.
« Jo » n'aurait pas été mécontent de s'en séparer, toutefois sa
personnalité ne lui permettait pas d'accepter la chose sans
réagir. En conséquence il aurait mis son remplaçant « à
l'amende » d'une forte somme d'argent qui aurait été versée.
Aucune intervention répressive n'était possible car je savais
qu'il n'y avait ni plainte ni preuve.

Après le départ des allemands, conformément aux instructions de mes chefs, je fréquentais les bars exploités par Jean
Guettani, dont j'ai déjà parlé dans le chapitre précédent. Avant
la Libération et peu après, c'était le bar des « Sportifs », boulevard Raimbaldi, ensuite ce fut le « Sans Pareil », rue Croix-de-
Marbre. Dans cet établissement il n'y avait pas que des hommes
du « Milieu ». Ils étaient en majorité mais il y avait aussi des
personnes respectables : médecins, avocats, commerçants, etc.
Ces derniers, plus ou moins, cherchaient leur voie dans la nouvelle politique qui se faisait jour. Tous étaient des Résistants
plus ou moins authentiques, certains avaient su retourner leur
veste en temps utile.

Assez souvent, chez Guettani, je rencontrais « Jo le Marseillais ». Les deux hommes étaient très amis. Leurs familles étaient

originaires de Calenzana (Corse). Avec moi « Jo » se montrait toujours très déférent. Mieux, du fait que j'étais marseillais et que Jean Guettani paraissait avoir de l'amitié pour moi, malgré que j'étais un « flic », il m'avait « à la bonne », comme l'on dit à Marseille.

Comme je l'ai dit, aux assises « Jo le Marseillais » avait fait figure de Résistant. L'était-il vraiment ? Il y avait lieu de se poser la question. En effet, en février 1944, un inspecteur de la Sûreté urbaine de Nice avait fait à ses chefs un rapport le signalant comme étant membre influent et auxiliaire de la police allemande de Nice et fréquentant l'hôtel « Ermitage », siège de la gestapo dans cette ville. Toutefois je présume que les affirmations de ce policier ne devaient pas reposer sur du solide puisque rien n'a été entrepris en vue de déférer Renucci par devant la cour de justice des Alpes-Maritimes, après la Libération.

D'autre part, il est difficile d'admettre que la gestapo ait laissé la feldgendarmerie arrêter « Jo », qu'elle ait supporté qu'il soit condamné à la prison si, effectivement, il avait été un collaborateur zélé de la police allemande. Le délit était minime et il aurait pu être tellement justifiable pour ce service.

En ce qui me concerne, moi qui avait arrêtés, entendus ou simplement identifiés de nombreux Français travaillant pour des services allemands, je ne pouvais me prononcer. Bien que n'ayant jamais été mis en cause au cours de mes enquêtes dans la région niçoise, cela ne prouvait rien et j'ignorais l'activité qu'il avait pu avoir dans la région marseillaise ou ailleurs.

Il est un fait qui m'a toujours paru étrange. Il avait été établi par un commissariat de police niçois qu'en 1943 « Jo » roulait en voiture automobile avec un permis de circuler de jour comme de nuit. Je n'ai jamais pu établir à quel titre il avait obtenu cette autorisation et quelle était l'autorité qui la lui avait délivrée. Etait-elle française ou allemande ?

De plus, en mai 1945 « Jo » devait faire l'objet d'un mandat d'arrêt d'un juge d'instruction de Marseille. Ce magistrat l'avait inculpé d'atteinte à la sûreté extérieure de l'Etat. En juin de la même année il était arrêté à Nice puis transféré à Marseille. Je présume que cette affaire n'a pas dû être trop méchante pour lui puisqu'en 1946 « Jo » faisait à nouveau l'objet d'un mandat d'arrêt. Cette fois c'était un juge d'instruction de Nice qui l'avait décerné à son encontre pour trafic de cocaïne, menaces de mort, port d'armes et vol. Trois ans après, en 1949, il était toujours recherché pour cette dernière affaire.

A partir de 1948, « Jo » et sa bande entrèrent en guerre avec un autre « gang » redoutable qui était dirigé par un autre Corse bien connu aussi pour son audace. Il s'agissait de Jean Salicetti dit « Ange ». Une série de « vendettas » devait s'échelonner sur une assez longue période.

En 1949, Salicetti et ses gardes du corps furent mitraillés à plusieurs reprises. Il faillit y laisser la vie le jour où, suivant l'enterrement d'un de ses amis avec ses hommes, il fut mitraillé à Paris dans le tunnel de la porte Champerret. C'est par miracle qu'il échappa à la mort.

Peu après c'était la voiture de « Jo » qui était criblée de balles sur les Champs-Elysées. Au cours de cette fusillade, la secrétaire d'un député devait trouver la mort.

Salicetti fut enfin abattu alors qu'il roulait à bord de son véhicule. Cette vendetta devait faire une dizaine de morts au total.

Depuis longtemps déjà « Jo le Marseillais » avait été fiché au grand banditisme par le Groupe de répression du banditisme de Marseille. J'appartenais à ce groupe lorsque la participation de « Jo » à l'affaire du « Combinatie » avait été établie. Il s'agissait d'un acte de piraterie en mer à l'occasion d'un trafic de cigarettes américaines en provenance de Tanger.

Quelque temps après « Jo » Renucci se fixait au Maroc et

devait exploiter des affaires à Tanger et à Casablanca. Ses agissements n'ont pas dû convenir à la police de ce pays puisqu'il fut expulsé par le gouvernement marocain en 1957.

« Jo » avait été un agent électoral très actif à Nice de 1936 à 1938. Il œuvrait, à ce moment, pour M. Marcel Sableau, alors président des Jeunesses radicales et radicales socialistes de France et candidat à la députation à Nice. Après la Libération de cette ville il devait encore soutenir activement un leader politique niçois.

A Marseille tout le monde savait que, avant la dernière guerre, Carbone et Spirito étaient les agents électoraux, les amis et les « hommes de poids » de M. Simon Sabiani, député, appartenant au P.P.F. (Parti populaire français). Depuis plusieurs années cet homme politique était l'adversaire acharné de M. Henri Tasso, député socialiste, ancien ministre. Entre les deux hommes, je devrais dire entre ceux qui les soutenaient, c'était, pour chaque élection, les municipales surtout, une lutte sans merci.

Certains marseillais pensaient que « Jo » Renucci avait été, lui aussi, un homme de M. Simon Sabiani qui, durant la guerre s'était donné à fond, très courageusement d'ailleurs, dans la collaboration avec les allemands. Un jour que je discutais avec « Jo » dans le bar de Guettani, j'ai été amené à lui poser la question. Il bondit comme s'il avait été piqué par un serpent et il s'écria : « Moi ! Moi ! La dernière fois que j'ai vu Simon je voulais lui crever l'autre œil ». Je dois préciser que ce leader politique n'avait pas l'usage de ses deux yeux.

« Jo le Marseillais » devait mourir à la suite d'une longue maladie à Paris en 1958. Il avait alors 50 ans. Durant les trois dernières années de sa vie il n'était plus un chef de « gang ». Peu à peu il devait assister à sa déchéance physique. Cela a dû être triste et dur pour un homme comme lui. Je suis certain que ce caïd de la pègre a dû regretter plus d'une fois de ne pas être mort comme son ennemi Salicetti.

LE FAUX POLICIER ETAIT UN AGENT DOUBLE

Avant d'en finir avec les affaires de faux policiers que j'ai eu à traiter durant l'Occupation, je voudrais parler d'une de celle-ci dont j'avais été chargé en 1943, et qui n'avait pas connu son dénouement. Elle devait me réserver une bonne surprise quelques mois après la Libération de Nice, alors que j'étais bien loin de penser encore à cette affaire.

Chargé, pour toute notre petite région, des vols de cette spécialité, j'avais demandé à mon commissaire divisionnaire d'obtenir de la 9ᵉ brigade mobile de Marseille (section criminelle) les photographies de tous les individus connus de ce service pour travailler pour la police allemande ou susceptibles de le faire. J'estimais que je pouvais en retrouver dans la région niçoise. Satisfaction me fut donnée et un lot d'une trentaine de photos anthropométriques me fut transmis. En retour nous agirent de même avec le service marseillais.

A l'examen de ces photographies j'ai reconnu des voyous que j'avais bien connus à Marseille, mais j'ai été étonné de reconnaître sur l'une d'elle un homme de 25 à 28 ans dont j'avais fait la connaissance, fortuitement, deux années auparavant dans cette ville. Cette épreuve positive face et profil de l'identité judiciaire portait l'identité de Jacques Roberto, dit « Robert ».

Quelques mois en arrière donc, un matin, j'avais exercé une assez longue surveillance de l'intérieur d'un petit bistrot du quartier du Racati à Marseille, près de la gare Saint-Charles. Je voulais appréhender un individu qui faisait l'objet d'un mandat d'arrêt. Il demeurait dans l'immeuble situé de l'autre côté de la rue, juste en face le petit bar.

J'attendais que l'homme sorte de l'immeuble afin de l'arrêter sur la voie publique. J'avais pour cela une raison. Il ne s'agissait pas d'une affaire très importante et je savais que l'individu en question n'était pas une « terreur ». C'est pour cela que je n'avais pas jugé utile de me faire assister par un collègue. J'avais sa photographie sur moi.

Durant près de deux heures je discutais très amicalement avec le jeune tenancier, un charmant garçon très sympathique et très ouvert. J'étais l'unique client.

Ayant remarqué que tout en discutant avec lui mes yeux ne quittaient pas la porte d'entrée de l'immeuble en face, il avait dû « sentir » que j'appartenais à la Sûreté. S'il n'en était pas tout à fait certain, peu après, le fait de me voir passer les menottes à celui que j'attendais à dû l'édifier.

J'ai donc été fortement étonné de retrouver cet homme sur des photos de police. J'ignorais le motif qui l'avait amené à faire l'objet d'une fiche signalétique de la police marseillaise.

Donc de nombreux mois après j'étais chargé d'une nouvelle affaire de faux policiers à Beaulieu-sur-Mer (Alpes-Maritimes). Toujours assisté de mon fidèle co-équipier et ami Jean Richeville qui s'était passionné pour ces affaires. C'était un bon policier et il était courageux. Par la suite il devait faire du chemin. Devenu commissaire par concours, il a dû finir sa carrière à la Direction de la Surveillance du territoire avec le grade de divisionnaire.

Une perquisition avait été effectuée chez un israélite, assez âgé, qui vivait avec sa famille dans la petite ville précitée. Il se nommait Samuel Blum. Trois hommes parlant français ayant à leur tête un officier allemand en uniforme avaient procédé à une visite domiciliaire sous un vague prétexte. Au cours de la fouille minutieuse qui avait été effectuée tous les bijoux de famille et de nombreuses pièces d'or furent dérobés. Toutefois, ni M. Blum ni les membres de sa famille ne furent arrêtés et emmenés.

Au cours de l'interrogatoire de la victime, dans son appartement, un signalement succinct des auteurs de ce vol nous fut communiqué. Notamment celui des trois hommes paraissant être français. Cela me permis de faire une sélection dans les faux policiers connus, ou susceptibles de le devenir, notre fichier était devenu important.

Je présentais à M. Blum une vingtaine de photographies face et profil. Un rapide examen le faisait sursauter et il tombait en arrêt sur la photo de Jacques Roberto. Il me précisa que cet homme était celui qui paraissait avoir le plus d'autorité après l'officier allemand. Je répétais la même opération avec trois autres membres de la famille qui avaient assisté à l'opération apparemment exécutée par un service germanique. Avec la même rapidité et la même assurance et séparément, les trois personnes reconnurent formellement Jacques Roberto. Je n'avais jamais assisté à une identification aussi rapide et aussi catégorique sur photographie.

Les investigations qui ont suivi ne nous ont pas permis d'en connaître davantage. Il ne nous a pas été possible d'identifier les autres français ou présummés tels, ni l'officier allemand ni même le service auquel il était susceptible d'appartenir.

A la suite de mon rapport, l'enquête terminée, un mandat d'arrêt était décerné par le juge d'instruction, à l'encontre de Jacques Roberto. Il fut longtemps recherché mais en vain.

Le temps passa puis vint la Libération de tout le sud-est et de Nice. Plusieurs mois après celle-ci, je me trouvais sur le perron de la villa qui était le siège de notre brigade, rue André-Theuriet et je regardais le portail placé à l'entrée du petit parc de la propriété lorsque j'ai eu un choc au cœur. Deux hommes venaient de franchir ce seuil et se dirigeaient vers la villa. Le plus grand des deux m'était inconnu mais le deuxième n'était autre que Jacques Roberto.

Aussitôt je me dit : « En voilà un qui vient se jeter dans la gueule du loup ». Je me mis de côté en me tournant un peu de façon à ce que Roberto ne me reconnaisse pas tout de suite. Dès que les deux hommes eurent franchi le seuil de la villa je les ai suivi des yeux. Pendant que celui que je ne connaissais pas se dirigeait immédiatement vers le bureau du chef de brigade, Roberto s'asseyait sur une chaise dans le hall d'entrée.

Immédiatement après j'intervenais et je demandais à ma vieille connaissance de me suivre dans mon bureau au premier étage. Il m'avait reconnu. A brûle-pourpoint je lui dit : « Je t'arrête pour avoir participé à une visite domiciliaire suivie de vol, au préjudice de M. Samuel Blum à Beaulieu-sur-Mer, sous la direction d'un officier allemand en uniforme. »

Très calmement Roberto me dit : « C'est exact, j'ai bien participé à cette opération avec un service allemand mais sur ordre de la Résistance. La personne qui est entrée avec moi c'est le commissaire de police Maurice Lacourt. C'est sur son ordre que je me suis fait admettre au service de la police allemande de Marseille dont le siège se trouvait rue Paradis. C'est à lui que je fournissais tous les renseignements qui pouvaient être utiles au réseau auquel il appartenait. C'est lui qui me manipulait en qualité d'agent double. Il a été tenu au courant de toutes les opérations auxquelles j'ai dû participer. Dans certains cas il m'était possible de les saboter sans prendre de risques en faisant prévenir les intéressés en temps utile. Il ne m'était pas possible de le faire pour toutes sans me faire découvrir. C'est ainsi que j'ai dû participer à l'opération de Beaulieu-sur-Mer. La totalité des bijoux et valeurs diverses qui ont été emportés a été déposée dans le coffre du service par l'officier allemand. J'en ai toujours ignoré la destination et je n'ai jamais profité de cette spoliation. »

Ayant demandé à des collègues de garder à vue Roberto dans mon bureau, j'ai littéralement bondi dans le bureau de M. Zuccarelli, chef de la section criminelle en lui disant que je venais d'arrêter Jacques Roberto qu'il connaissait aussi puisque je le mettais régulièrement au courant de toutes mes enquêtes. Brièvement, je lui racontai ce qui venait de se passer et j'insistai sur le fait que je me refusais de croire ce que je venais d'entendre.

Immédiatement il décrochait son téléphone pour appeler le chef de brigade. Celui-ci lui confirma qu'il avait dans son bureau le commissaire Maurice Lacourt de la 9e brigade mobile de Marseille. Peu après ce dernier devait confirmer devant le commissaire principal, M. Zuccarelli et moi-même, toutes les déclarations de Roberto. Je n'était toujours pas satisfait, toujours en méfiance j'avais l'impression d'être roulé. Comme saint Thomas, je voulais toucher du doigt. Avant de relâcher Roberto, j'ai tenu à ce que les dires de M. Lacourt soient confirmés par le contrôleur général Merucci à qui le gouvernement provisoire de la République avait confié la haute direction de la police judiciaire pour Marseille et la Côte d'Azur.

Toutes les assurances devaient m'être données. Après la joie que je venais d'éprouver en constatant que j'avais solutionné une nouvelle affaire de faux policiers, c'était la déception. C'est avec mauvaise grâce, je l'avoue, que j'ai dû m'incliner et considérer Roberto comme un Résistant.

Plus tard je devais apprendre que Maurice Lacourt avait été, au début de l'Occupation, inspecteur à la brigade de surveillance du territoire de Marseille. En août 1941, sous les ordres du commissaire Robert Blemant qui dirigeait ce service en second, il avait été amené à procéder à l'arrestation de M. Roger Wybot qui, après la Libération, devait créer la Direction de la Surveillance du Territoire. Antérieurement, ce service n'était qu'un contrôle général au sein de la Sûreté nationale.

Au moment de son arrestation par l'équipe du commissaire Blemant, M. Wybot était le lieutenant d'artillerie Roger Warin. Cet officier était affecté au service des menées antinationales de Marseille. Il s'agissait d'un service de renseignements qui dépendait directement du gouvernement de Vichy. Ce service avait pour objectif la lutte contre le communisme et le gaullisme.

A son bureau des M.A., le lieutenant Wybot jouait, en réalité, un rôle d'agent double puisqu'il travaillait, surtout, pour la Résistance. A la suite de certaines circonstances, son appartenance à celle-ci devait apparaître au gouvernement de Vichy. Sur l'ordre de celui-ci, le lieutenant Roger Warin devait être arrêté par la B.S.T. de Marseille.

Grâce à l'appui et à la complicité du commissaire Blemant et son équipe, dont l'inspecteur Maurice Lacourt, après interrogatoires et investigations diverses, le lieutenant Warin devait être relâché et reprendre son poste aux M.A.

Peu après, M. Roger Wybot devait abandonner ses fonctions aux M.A. de Marseille pour se rendre à Londres et suivre la voie de la France Libre.

Après la Libération, M. Roger Wybot devait être nommé Directeur de la Surveillance du Territoire à Paris. Il devait alors nommer l'inspecteur Maurice Lacourt commissaire de police au titre de la Résistance. Il devait être chargé de reconstituer la Brigade de Surveillance du Territoire de Nice qui, comme toutes les autres Brigade de Sûreté Territoriale, avait été dissoute par les autorités allemandes. Pour cette tâche on lui avait donné comme adjoint l'inspecteur Marcel Ferrand qui avait appartenu au même service que Lacourt et qui, comme lui, avait été nommé commissaire de police au titre de la Résistance.

Jacques Roberto qui avait travaillé pour la police allemande de Marseille, sur ordre de Maurice Lacourt, devait être nommé inspecteur chauffeur à la B.S.T. de Nice, sous l'autorité du nouveau commissaire. Cette brigade devait se reloger dans ses locaux antérieurs, c'est-à-dire au deuxième étage de notre belle villa « La Pergola », rue André-Theuriet, à Nice.

Mes rapports personnels avec le commissaire Lacourt, son adjoint le commissaire Ferrand et Jacques Roberto furent très amicaux. Dans les débuts la tâche essentielle de la nouvelle brigade de surveillance du territoire était de rechercher et d'arrêter tous ceux qui, de près ou de loin avaient travaillé ou collaboré avec les allemands. C'est bien volontiers que j'ai apporté mon concours à cette équipe chaque fois que je l'ai pu. Notamment, j'avais passé mon petit fichier clandestin établi durant l'Occupation, à M. Lacourt. Je sais que cela lui a été très utile. Jacques Roberto était également bien placé pour le renseigner étant donné son activité antérieure à la gestapo de Marseille. Toutefois, il devait démissionner de la police quelques mois plus tard.

Pour revenir à cette affaire de vol aux faux policiers qui m'avait permis d'identifier Jacques Roberto, comme j'en avais le devoir, je n'avais pas manqué d'informer M. Samuel Blum, la victime de cette perquisition suivie de vol, du fait que lui et les membres de sa famille ne s'étaient pas trompé sur la reconnaissance de Jacques Roberto sur photographie anthropométrique. Mes explications sur la suite qu'il m'avait fallu donner à cette affaire devaient le décevoir fortement. J'ai su qu'il s'était défendu avec opiniâtreté afin qu'une certaine responsabilité soit retenue à l'encontre de Roberto. Toutefois, j'ai su aussi qu'il n'était parvenu à aucun résultat.

Je dois dire que les commissaires Maurice Lacourt et Marcel Ferrand devaient, par la suite, faire hautement la preuve que leur avancement au titre de la Résistance avait été largement justifié par leurs qualités professionnelles. Ils devaient terminer leur carrière très haut dans la hiérarchie de la D.S.T.

L'ASSASSINAT
DU COMMISSAIRE DE POLICE DE VENCE

Dans la nuit du 17 au 18 septembre 1944, vers deux heures du matin, un jeune homme sonnait à la porte de la villa occupée par le commissaire de police de Vence (Alpes-Maritimes), M. Dermann. Réveillé en plein sommeil, on était venu le prévenir qu'il fallait qu'il se rende d'urgence à son commissariat.

Vêtu à la hâte, il quittait sa maison pour être abattu, à quelques pas de là, de plusieurs rafales de mitraillette. Il avait été attiré dans un guet-apens. L'appel n'était, en effet, qu'un prétexte pour le faire sortir de chez lui. Ce policier était âgé de 34 ans, il laissait une femme et plusieurs enfants.

A ce moment à Nice comme dans toute la région niçoise c'était l'illégalité qui régnait partout. Au siège de la 18ᵉ brigade mobile, journellement des groupes armée, F.F.I. ou F.T.P., venaient procéder à l'arrestation d'un collègue accusé par les hommes, en faisant partie, d'être collaborateur.

Plusieurs policiers furent ainsi arrêtés à tort ou à raison. Certains ont, par la suite été déférés en cour de justice, d'autres ont été relâchés peu après, d'autres encore ont été maltraités dans certains hôtels de Nice réquisitionnés par des formations appartenant à la Résistance.

La conjoncture était telle que nos chefs étaient dans l'impossibilité d'empêcher ces arrestations.

C'est dans cette ambiance que le lendemain de l'exécution du commissaire de police de Vence, le commissaire chef de la section criminelle de la brigade, M. Zuccarelli, me fit appeler dans son bureau pour me dire qu'il me chargeait de l'enquête sur cet homicide qui en fait était une exécution.

Pour m'assister il me donnait l'inspecteur Blanc, un jeune.

Je manifestais mon étonnement et ma stupéfaction de me voir confier une enquête sur l'assassinat d'un commissaire de police alors que je n'étais qu'inspecteur et que je n'avais même pas, à l'époque la qualité d'officier de police judiciaire. Mon comportement était moins motivé par les risques et les responsabilités que j'entrevoyais immédiatement que par le fait que j'étais réellement choqué. En effet j'estimais que pour l'assassinat d'un commissaire de police il était décent que ce soit un de ses collègues qui soit chargé de l'enquête

Devant ma remarque, M. Zuccarelli me dit :

— Michel, lorsque j'ai une affaire importante à traiter je ne regarde pas le grade. Ce que je recherche c'est l'efficacité de l'enquêteur. Vous m'avez donné satisfaction dans des affaires difficiles au cours desquelles vous vous êtes tiré d'affaire de nombreuses difficultés. C'est pour cela que je vous charge de cette enquête.

Je dois dire, en vérité, qu'à cette époque, à la brigade mobile de Nice, les commissaires, en dehors des chefs de section criminelle, politique et financière, n'étaient considérés que comme des enquêteurs au même titre que les inspecteurs. La différence provenait du fait qu'en fin de mois ils encaissaient un traitement un peu plus élevé. Assistés d'un inspecteur, donc par équipe de deux, ils instrumentaient, dans le cadre des enquêtes qui leur étaient confiées, comme les inspecteurs chefs de mission.

Le grade ne conférant pas forcément la valeur du policier, les patrons n'hésitaient pas, à cette époque, à confier une enquête très importante à un inspecteur même non O.P.J. qu'ils savaient être très bon policier plutôt qu'à un commissaire considéré par eux comme policier médiocre.

Nous avons eu une voiture du service, avec inspecteur-chauffeur, pour nous rendre à Vence, mon collègue Blanc et moi. Toutefois, il nous était demandé de la renvoyer aussitôt à Nice. Nous manquions de véhicules à la brigade.

Le premier contact que nous avons eu avec le personnel du commissariat de Vence ne fut pas drôle. Les fonctionnaires de ce service étaient tous dans la douleur et dans la crainte.

Nous nous sommes fait conseiller, par nos collègues locaux, pour le choix d'un hôtel tranquille. On nous indiqua une petite villa située sur la périphérie de Vence au début de la route de Saint-Jeannet. C'était une petite villa faisant hôtel et pension de famille.

Après avoir retenu nos chambres, en sortant de l'hôtel, je me suis rendu compte qu'en face, de l'autre côté de la route, se trouvait une villa qui était devenue le siège de la milice patriotique de Vence. Un factionnaire, portant brassard, montait la garde armé d'une mitraillette et portant des grenades passées à sa ceinture.

Le lendemain j'ai eu le pénible devoir d'entendre la veuve du malheureux commissaire. Elle était éplorée et faisait peine à voir. Naturellement elle ignorait tout du mobile qui était à l'origine de cet homicide. Elle ne connaissait aucun ennemi à son mari et elle ne pouvait envisager aucun motif de vengeance. Quand nous l'avons quittée, mon collègue et moi, nous étions bouleversés.

Tout d'abord il me fallait déterminer pourquoi ce policier

avait été tué. Je dois dire que durant les quelques semaines qui suivirent la Libération de notre région nous avions pu constater que les règlements de comptes commis au nom de la Résistance n'étaient pas toujours motivés par des sentiments patriotiques. Souvent les motifs trouvaient leurs raisons dans de basses vengeances personnelles n'ayant rien à voir avec la collaboration avec l'ennemi.

Je me suis tout d'abord attaché à la vie privée du commissaire Dermann. Je n'ai pu que constater qu'elle était irréprochable. Je n'ai décelé dans celle-ci aucun motif de vengeance possible. Socialement j'ai pu constater qu'il était bien vu de son personnel.

Je me suis livré à des recherches concernant les contacts de toutes natures, courants ou exceptionnels que ce commissaire avait pu avoir avec toute personne de son entourage, de la population de Vence ou même d'ailleurs, à titre personnel.

Ces investigations me permirent d'acquérir la conviction que ce policier était un homme courtois et humain. De plus, elles me révélèrent qu'il n'avait jamais eu aucune histoire, aucune controverse ni différend avec qui que ce soit.

Il restait son activité professionnelle. Il me fallait alors creuser dans les affaires qu'il avait traitées ou fait traiter par son personnel.

C'est en effet dans l'exercice de ses fonctions que je devais découvrir le seul fait qui, à mon avis, avait pu motiver son exécution. J'en ai été convaincu à l'époque et je le suis toujours à l'heure actuelle.

Je devais apprendre que quelques mois avant la Libération des Alpes-Maritimes, deux inspecteurs appartenant au service des renseignements généraux étaient venu enquêter à Vence.

Au cours de leurs investigations, ces policiers appréhendèrent un nommé Joseph Laurenti dit « Zézé », âgé d'un peu moins de 25 ans, qu'ils soupçonnaient d'appartenir au Parti communiste (ce parti ayant été dissous par le gouvernement Daladier peu avant la déclaration de guerre).

Ces deux fonctionnaires interrogèrent longuement Joseph Laurenti dans les locaux du commissariat de police de Vence. Ils avaient pris leurs responsabilités en agissant de la sorte, toutefois ils allèrent beaucoup trop loin car, d'après les déclarations que j'ai pu recueillir auprès du personnel du commissariat, Laurenti fut maltraité au cours de son interrogatoire.

A la suite de cette intervention des deux policiers niçois, Joseph Laurenti crut devoir prendre la fuite pour éviter l'internement administratif. En fait il prit le maquis.

Le père de ce jeune homme, Jean Laurenti, avait été arrêté en 1940 pour des motifs similaires. Il avait été incarcéré au camp de Chibron d'où il devait être libéré deux ans plus tard. Par la suite cet homme devait devenir l'un des principaux dirigeants de la Résistance dans le département de l'Hérault. Sous le nom de guerre de « Oncle Charles ». Plus tard il devait assumer d'importantes responsabilités au sein du Parti communiste français et dans la politique en général. Il fut conseiller municipal à Nice, Conseiller général des Alpes-Maritimes, député de ce département et sénateur.

Le jeune Joseph Laurenti fut tué au maquis au cours des combats pour la Libération de Manosque (Basses-Alpes). Il était devenu le commandant « Julien ».

Après la libération du sud de la France, les combattants de la clandestinité regagnèrent leur ville ou leur village et c'est à ce moment que certains comptes se réglèrent, pas toujours avec logique ni justice malheureusement.

C'était certain, le jeune Joseph Laurenti avait été malmené dans les locaux du commissariat de police de Vence. Ce jeune maquisard savait-il seulement que les policiers qui l'avaient interrogé n'appartenaient pas à ce commissariat ? S'il le savait l'avait-il précisé dans son entourage ? Peut-être s'était-il contenté de dire qu'il avait été maltraité dans ce service. Il n'en demeure pas moins que le commissaire Dermann a dû être tenu pour responsable du départ au maquis du jeune Laurenti et, par voie de conséquence, de sa mort.

A ce moment de mon enquête j'avais acquis la conviction que les meurtriers du commissaire de police devaient être recherchés parmi les membres de la Milice patriotique locale qui, pour la plupart, avaient appartenus aux groupes F.T.P. (Francs Tireurs et Partisans). Les milices patriotiques avaient été constituées, après la Libération, par le Parti communiste français. Ces groupes armés furent dissous peu après par le gouvernement du général de Gaulle.

Les membres de ce groupe de résistants n'avaient pas manqué de remarquer notre présence à Vence, ils connaissaient notre profession et se doutaient bien du but de nos recherches. En conséquence les regards qui nous étaient destinés étaient plutôt hostiles. A un certain moment mon jeune collègue me dit en plaisantant : « D'ici à ce qu'ils essayent de nous faire le même coup qu'à M. Dermann il n'y a pas loin ».

Naturellement il était impensable qu'à deux nous puissions désarmer, appréhender une trentaine d'hommes armés jusqu'aux dents, de les conduire dans des locaux suffisamment grands afin qu'ils puissent être gardés à vue, séparés, pendant la durée des interrogatoires. En conséquence nous avons regagné Nice afin de rendre compte au chef de la section criminelle.

Après m'avoir écouté attentivement, M. Zuccarelli me dit :

— Michel dans la conjoncture actuelle, il n'est pas possible d'intervenir comme vous le souhaiteriez. Il faut attendre que la légalité soit à nouveau rétablie et respectée. A ce moment nous essayerons de faire toute la lumière sur cette affaire. Pour le moment faites un rapport sur votre enquête en vous en tenant strictement au résultat négatif de vos recherches.

Quelques mois plus tard les choses étant redevenues normales, j'ai demandé à M. Zuccarelli se qu'il pensait faire. A ce moment il me répondit :

— Mon vieux Michel tous les délits et crimes commis au nom de la Résistance où à l'occasion de celle-ci ont été amnistiés. Il ne nous servirait à rien de connaître le nom des instigateurs et des exécutants. Cela ne ferait pas ressusciter le pauvre Dermann. J'ajoute que l'administration a accepté qu'il soit considéré comme victime du devoir. A ce titre sa veuve et ses deux enfants toucheront la pension afférente au maximum de son grade.

Cette affaire m'avait laissé une forte amertume dans le cœur. Je ne pouvais oublier le spectacle de cette jeune veuve serrant ses deux enfants contre elle et accablés par la douleur.

J'admettais que l'on ait pu attribuer une certaine responsabilité au commissaire Dermann étant donné que cet interrogatoire « abusif » avait eu lieu dans son commissariat. Toutefois n'était-il pas tenu d'accorder l'usage de ses locaux à des policiers de l'extérieur qui menaient leur propre enquête et qui pouvaient être soutenus par des chefs bien supérieurs en grade que lui ?

De toute façon le commissaire de Vence ne méritait pas la mort. Les deux inspecteurs niçois, bien qu'ayant commis une lourde faute ne la méritaient pas non plus. Je suis sûr qu'ils n'auraient pas agi comme ils l'ont fait s'ils avaient pu prévoir les conséquences.

Il est certain que leurs agissements, signalés après la Libération et dans la légalité, auraient donné lieu à l'ouverture d'une enquête qui probablement aurait abouti à une sanction administrative, peut-être même à une sanction pénale.

Les amis de Laurenti l'ont peut-être compris, toutefois ils ont dû estimer que la mort de leur compagnon devait être vengée vie pour vie. C'est le malheureux commissaire Dermann qui a payé.

A l'issue de mon enquête il m'aurait été facile d'identifier les deux policiers niçois en question. On ne me l'a pas demandé et je n'ai pas voulu le faire de moi-même.

Les identifier et avancer leurs noms dans un rapport ou bien même verbalement pouvait avoir, à ce moment, les pires conséquences pour eux. Si indirectement et par voie de conséquence ils avaient, peut-être, été responsable de la mort du commissaire Dermann, moi je ne tenais pas à être à mon tour responsable de la leur.

Immédiatement après la Libération de Nice il y avait lieu de se méfier de tout, de tous et même de certains fonctionnaires du service. Par exemple, un commissaire, qui durant toute l'Occupation m'avait donné l'impression d'être un collaborateur zélé, avait placé un buste de Staline sur son bureau. C'est auprès de lui que divers groupes de F.T.P. de Nice venait s'informer lorsqu'il s'agissait d'épurer un homme de la P.J.

Dans ces conditions on comprendra que j'avais des raisons valables pour observer une certaine prudence à l'égard de ces deux collègues appartenant à un service politique.

ASSASSINAT
DU COMMISSAIRE PRINCIPAL DE NICE
Chef de la 18ᵉ brigade mobile à Nice

Peu de temps après l'enquête sur l'assassinat du commissaire de police de Vence, je demandais à M. Stigny, le chef de brigade, un congé de quatre jours pour me permettre d'aller récupérer ma femme et mon fils, âgé de 6 ans, à Fournols-d'Auvergne (Puy-de-Dôme), le petit village natal de mes grands-parents maternels. J'en étais séparé depuis six mois. Pour eux j'avais redouté les bombardements américains, inévitables et les combats pour la Libération de Nice.

Je quittais cette ville le 20 octobre au matin. Le pont ferroviaire de Beaucaire, sur le Rhône, ayant été coupé par l'aviation, je dus faire un crochet par Avignon avant de parvenir à Issoire par Nîmes.

Le 23 je quittais le Puy-de-Dôme, avec ma petite famille. Nous devions coucher à Avignon. Le 24 au matin j'apprenais que pour plusieurs jours il n'y aurait plus de communications ferroviaires avec Nice. Désireux de rentrer au plus tôt nous avons pris un car jusqu'à Cavaillon (Vaucluse). Mon idée était de trouver place sur un camion de ravitaillement en légumes allant à Nice. Effectivement, un transporteur accepta de nous nicher, mon fils, ma femme et moi dans un creux, tout à fait à la cime d'un chargement, très haut, par-dessus la bache.

Le voyage dura toute la nuit, durant celui-ci, seul notre fils put dormir serré entre ma femme et moi. Nous étions dans une position inconfortable et même dangereuse. Nous étions souvent fouettés par les basses branches des arbres bordant la route et nous étions transis par le froid.

Très tôt, le matin du 25 nous arrivions à Nice. Dans ma boîte aux lettres, je trouvais le journal « Combat » de la veille. J'éprouvais un grand choc lorsqu'en première page je pus lire ce titre : « Qui a tué M. Stigny, le « Maigret » niçois ? ». Au milieu de l'article s'étalait la photographie de mon chef.

J'apprenais alors qu'il avait été lâchement assassiné le jour de mon départ pour l'Auvergne, dans les Basses-Alpes. Le corps avait été ramené à Nice. Une chapelle ardente avait été dressée dans son bureau où il avait été veillé par ses hommes jusqu'au moment des obsèques.

Il me fallut peu de temps pour arriver au siège de la brigade qui, d'ailleurs, était proche de mon domicile.

Il me faut préciser qu'à ce moment le chef de la P.J. était le commissaire divisionnaire Métard dont le bureau se trouvait à l'intendance de police, rue du Maréchal-Foch à Nice. Le commissaire principal Stigny était son second et il dirigeait la brigade mobile tandis que son supérieur avait la responsabilité, à la fois de cette dernière et de la Sûreté urbaine de Nice.

Au service, j'eus tout de suite des détails. J'appris que c'était au cours d'un voyage contrôle dans les Basses-Alpes que l'horrible chose était arrivée. Stigny était parti de Nice le matin avec une voiture conduite par le chauffeur Borel.

A midi les deux hommes déjeunaient tranquillement dans un restaurant de Forcalquier (Basses-Alpes) lorsque trois individus, apparemment des Résistants, armés de mitraillettes firent irruption dans l'établissement. Ils demandèrent à mon chef s'il était bien le commissaire Stigny. Sur réponse affirmative, ils le désarmèrent sous la menace de leurs armes. Nullement inquiet et croyant à un malentendu, c'est en toute confiance qu'il acceptait de les suivre en voiture pensant s'expliquer avec leurs chefs. Avant de quitter les lieux les trois hommes se firent remettre la clé de contact de la voiture de police. Ils ne tenaient pas à être suivis.

Quelques heures plus tard le corps du commissaire principal Stigny était découvert dans un champs, en bordure d'une route, sur le territoire de la commune des Mées (Basses-Alpes), près de Forcalquier. Le cadavre avait été dépouillé de ses papiers d'identité, de son portefeuille, de sa montre en or et même de ses chaussures. Il avait été abattu de plusieurs rafales de mitraillette dans le dos.

Les collègues m'apprirent qu'après les obsèques, une équipe avait été désignée. Elle était partie dans les Basses-Alpes, chargée de l'enquête sur l'assassinat de notre malheureux chef. Cette équipe se composait de l'inspecteur Latore, chef de mission, qui avait la qualité d'officier de police judiciaire, de l'inspecteur Portal et de l'inspecteur-chauffeur Borel, qui habituellement conduisait M. Stigny.

En apprenant la composition de cette équipe j'étais sidéré une fois de plus. Je ne comprenais pas que pour l'assassinat d'un grand chef comme M. Stigny, qui de plus était estimé et même aimé par la plupart des fonctionnaires du service, on n'ait pas cru devoir charger au moins un commissaire de police pour mener l'enquête. Les commissaires ne manquaient pourtant pas à la brigade. Après la Libération on en avait nommé cinq de plus au titre de la Résistance. Je trouvais même que le commissaire chef de la section criminelle aurait dû partir dans les Basses-Alpes à la tête de l'équipe chargée de l'enquête.

Je ne pouvais m'empêcher de penser que si un de ses hommes,

commissaire ou inspecteur, avait été tué dans des circonstances identiques il aurait certainement voulu mener l'enquête personnellement et il serait parti dans les Basses-Alpes. Sur place il aurait pris tous les risques en vue de l'arrestation des coupables.

Environ cinq mois avant la Libération de Nice, une équipe de la 18ᵉ brigade mobile instrumentait dans le département des Basses-Alpes. Elle était constituée par les inspecteurs Larègle, Bollot et Bouloux. Ces policiers disposaient d'un véhicule automobile.

C'est à ce moment que la route Digne-Nice fut coupés du fait des événements. D'autres le furent également si bien que l'équipe n'avait plus, avec le service, que des contacts téléphoniques.

Ces policiers bloqués sur place reçurent l'ordre de s'organiser dans le département bas-alpin et de continuer à enquêter sur tous les crimes et délits que le parquet de Digne voudrait bien leur confier sur réquisition du Parquet ou sur commission rogatoire du juge d'instruction. Sur les trois inspecteurs de cette équipe aucun n'avait la qualité d'officier de police judiciaire. Larègle avait été désigné comme chef de mission. Il était le plus ancien et le plus capable.

Peu après la Libération de notre région et dès que la route des Basses-Alpes fut praticable l'équipe au complet se présenta à la brigade. A la descente de voiture des trois policiers, M. Stigny se trouvait sur le perron de la villa. Il vit débarquer trois hommes qui de par leur tenue étaient mi-maquisards mi-militaires. Ils étaient armés de mitraillettes avec des grenades à la ceinture. Ils portaient un brassard de la Résistance. Glacial, M. Stigny leur dit :

— Et alors les tartarins, où allez-vous comme ça ?

Par la suite nous avons compris que notre chef de brigade n'avait pas été très satisfait du travail, du comportement et des agissements de cette équipe durant le long séjour qui leur avait été imposé dans les Basses-Alpes.

Après quelques jours de repos à Nice, M. Stigny donna l'ordre à la même équipe de retourner dans le département bas-alpin afin d'y terminer les enquêtes qu'ils avaient commencées le plus rapidement possible.

Le 23 octobre, de bon matin, le commissaire principal Stigny partait avec son chauffeur dans les Basses-Alpes afin de contrôler le travail de ses hommes. Il ne devait plus revenir vivant.

Cinq ou six jours après leur départ en mission, l'équipe Latore revenait à Nice annonçant un résultat négatif à la suite de l'enquête à laquelle ils venaient de se livrer sur l'assassinat de notre chef.

L'inspecteur Portal était un ami d'enfance. Comme moi il était marseillais et nous avions fait partie de la même troupe de scouts à Marseille. Il me dit :

— Michel, je vais te faire une confidence parce que tu es un ami et je sais que je peux te faire confiance et compter sur ta discrétion. Notre séjour dans les Basses-Alpes a été très pénible. Au cours de notre enquête nous nous sommes heurtés à des difficultés de toutes sortes. Nous avons fait l'objet de méfiances, d'obstructions et même de menaces sous-entendues. Là-bas, c'est l'illégalité totale. La police et la gendarmerie c'est zéro. Il nous a été impossible de solutionner cette affaire. C'est une chance pour toi que tu ne te sois pas trouvé à Nice après la mort de M. Stigny, car c'est toi qui aurait été désigné pour mener l'enquête. Connaissant l'estime que tu lui portais et fonceur comme je te connais tu aurais certainement voulu pousser les investigations trop loin et tu te serais fait descendre.

La seule chose de positive que nous ramenons, c'est la conviction que c'est Larègle qui a fait exécuter notre chef.

Durant son long séjour dans les Basses-Alpes il a fait parti d'un groupe de Résistance que je pense être F.T.P. Je crois même qu'on lui avait attribué le grade de lieutenant. Il était certainement au mieux avec le commandant de ce groupe.

Larègle ne s'entendait plus avec Stigny. Il n'a pas digéré les reproches que ce dernier lui avait adressé après son retour à Nice ni les ordres impératifs qu'il lui avait donné afin qu'il liquide les affaires en cours pour rentrer définitivement à Nice.

Bien renseigné, il a su que Stigny était monté dans les Basses-Alpes. Il savait où il avait l'habitude de déjeuner à Forcalquier. En le signalant comme collaborateur et traître, il lui était facile de le faire tuer sans même que les inspecteurs Bollot et Bouloux soient dans le coup.

Ce que je viens de te dire, Latore l'a dit à Zuccarelli, chef de la criminelle. Celui-ci à son tour nous a fait connaître son point de vue.

— A l'heure actuelle la conjoncture ne se prête pas et même s'oppose à toute action. Il faut attendre et, lorsque ce sera le moment nous agirons. Pour l'instant gardez vos soupçons pour vous en ce qui concerne Larègle et n'en faites pas état dans votre rapport. Il faut qu'il ne se doute de rien.

Naturellement, si Portal me l'avait dit en confidence, peut-être que Latore ou Borel en avaient fait autant avec d'autres. De plus, le commissaire chef de la section criminelle avait dû, également, confier la chose aux supérieurs de notre malheureux chef. Dans le service cela ne tarda pas à devenir le secret de polichinelle.

L'inspecteur Noël Larègle était un homme de taille moyenne. Il avait, à l'époque 26 ans. Son visage fin et régulier était sympathique et c'était un garçon intelligent et il ne devait pas tarder à se rendre compte que quelque chose avait changé, à son égard, dans le comportement de ses collègues. Personnellement j'avais été profondément navré d'apprendre qu'il avait pu faire assassiner son chef de service.

Quelques semaines plus tard Larègle devait démissionner de la police. Très rapidement, il devait passer de l'autre côté de la barricade et devenir un voyou. En juillet 1947 il devait être arrêté par les inspecteurs de la section judiciaire de la Sûreté niçoise. Il avait participé, en compagnie de malfaiteurs connus, à une série de cambriolages dans la région d'Antibes. Pour la première fois il connaissait la prison.

Trois ans après l'assassinat de notre chef de brigade, la deuxième enquête, tant attendue sur cette affaire, n'avait encore pas pu être obtenue.

A la Direction générale de la Sûreté nationale, comme à la Direction P.J. et dans les autres directions de la « Grande Maison », il y avait de nombreux Résistants dans la haute hiérarchie policière. Il y en avait aussi parmi les hauts fonctionnaires, non policiers de métier, qui se trouvaient à leur tête. Vraisemblablement l'on hésitait toujours à donner le feu vert pour une nouvelle enquête. Je pense qu'en haut lieu on avait peur que la Résistance soit salie dans son ensemble même si, selon toute vraisemblance, seuls des éléments ayant appartenu aux F.T.P.F. (Francs tireurs et partisans français) devaient être mis en cause.

Je crois devoir apporter ici certaines précisions : avant l'été 1941 les forces de Résistance se limitaient aux F.F.L. (Forces françaises libres), qui se trouvaient hors de la métropole, et aux F.F.I. (Forces françaises de l'intérieur) comprenant des réseaux de Résistance et des maquis. Le Parti communiste français avait été dissous en septembre 1939 par le gouvernement de M. Edouard Daladier. Cette décision faisait suite au pacte de non-agression germano-soviétique signé le 23 août 1939. Ce Parti entrait donc dans la clandestinité mais son action dans la Résistance ne devint pratiquement effective qu'après le 22 juin 1941, date à laquelle les allemands entraient en guerre avec l'U.R.S.S. Dès ce moment, les communistes devaient renforcer la Résistance et la lutte en commun, avec les gaullistes, devait devenir une réalité.

Bien reconstitué, dans la clandestinité, les communistes devaient créer, début 1942, des forces combattantes appelées F.T.P. (Francs tireurs et partisans). Il y avait parmi ces forces des gens de toutes opinions politiques. Toutefois, la très grande majorité était des communistes. Parmi ces combattants, il y avait énormément d'étrangers de toutes nationalités. Il y avait beaucoup d'espagnols ayant combattu, en Espagne, pour le Front populaire. C'est-à-dire contre les troupes du général Franco. Il y avait aussi beaucoup de communistes italiens ayant déjà combattu le fascisme dans leur pays. Tous ces hommes étaient réfugiés en France, devenue leur terre d'asile. Après la prise de position des communistes français, suite à l'attaque de la Russie par les allemands, tous ces étrangers firent bloc avec eux. Ensemble, ils devaient jouer un rôle prépondérant dans cette force combattante. Celle-ci devait même prendre la tête de l'action qui était menée par la Résistance contre les allemands.

Dans les jours qui suivirent le retour de nos trois collègues envoyés enquêter dans les Basses-Alpes, nous étions nombreux, à la brigade, à penser que Larègle ne subirait jamais le châtiment que méritait son abominable forfait. Ceux qui étaient le plus attachés à notre chef avaient cruellement ressenti sa fin tragique. Ils se doutaient bien que même si les faits étaient légalement établis, Larègle s'en sortirait relativement bien. En effet, s'il avait été l'instigateur de cet assassinat, il n'avait pas été l'un des exécutants. Conscients de cela, dans leur douleur et leur colère, certains d'entre nous pensaient que c'était de sa vie qu'il devait payer son lâche comportement criminel.

En conséquence, il avait été projeté de monter une opération dans les Basses-Alpes avec une équipe comprenant Noël Larègle afin d'avoir l'occasion de lui régler son compte entre nous. Pour cela, il fallait que le commissaire chef de la section criminelle soit dans le coup. Il lui appartenait de trouver un motif valable pour faire partir en mission cette équipe, renforcée, dans les Basses-Alpes. C'était trop lui demander et le projet devait être abandonné.

Je pense qu'en lisant ces lignes de nombreuses personnes pourraient s'indigner du fait que des policiers aient pu envisager de « liquider » physiquement un de leur collègue, même si ce châtiment était mérité. Cet acte devant être commis par ceux-là même qui étaient chargés de faire respecter la loi. Plus de quarante années après, je pense que cette réaction serait normale. Toutefois elles devraient tenir compte qu'à cette époque tout à fait exceptionnelle, la légalité n'était plus qu'un vain mot. Depuis des années déjà elle n'était plus respectée, mais pas toujours dans un sens immoral. Quelquefois c'était même dans un but louable.

Immédiatement après la Libération de notre région, les choses devenaient pires et certains policiers commençaient à en avoir « ras le bol » de subir ou de voir subir à des collègues des vengeances personnelles de la part de Résistants ou de maquisards de la dernière heure, anciens malfaiteurs, pour la plupart. Très souvent ils avaient pris le maquis plus pour se soustraire à la police, qui les recherchait pour délits ou crimes de droit commun, que par désir sincère de servir la Résistance en combattant l'occupant. Malheureusement ces individus n'avaient pas trop de mal pour donner le change à leurs nouveaux compagnons et à leur faire admettre qu'ils avaient été traqués par la police pour des faits de Résistance.

La loi et la justice n'étant plus respectées, ceux qui en étaient des victimes ou les témoins, cruellement touchés, ne pouvaient plus compter que sur eux-même. De ce fait, que la Loi du Talion ait pu être envisagée pour punir le responsable de l'assassinat ignominieux qui venait d'être commis sur la personne de notre chef, était une chose que l'on doit admettre. En la circonstance, pour certains c'était la goutte d'eau qui faisait déborder le vase bien que le cas Larègle soit différent, de ceux dont je viens de parler plus haut, puisque le responsable était un policier.

Notre chef avait été abattu comme un chien, selon l'expression que l'on entend dire souvent. En la circonstance, l'on devrait dire pire que comme un chien. Je n'ai jamais entendu raconter que l'on se soit emparé du collier d'un chien abattu. Sur le cadavre du commissaire principal Stigny, lâchement tué de plusieurs rafales de mitraillettes dans le dos, et encore chaud, on avait pris son portefeuille, sa montre en or et même sa paire de chaussures qui devaient être neuves ou en très bon état. Ce dernier détail nous était apparu comme un outrage particulièrement odieux. On l'avait vraiment traité comme s'il avait été une immonde fripouille.

Si M. Stigny avait été tué par un malfaiteur au cours d'une arrestation, notre animosité envers le meurtrier aurait été bien moindre que celle que nous éprouvions pour Larègle. Il aurait, alors, été abattu par un adversaire alors qu'il faisait son métier. Celui qu'il avait choisi et pour lequel il était payé. Lui, au moins, aurait encouru le risque de se faire tuer par le policier si celui-ci avait été plus prompt. Dans le cas Larègle on ne pouvait agir avec plus de lâcheté et de bassesse.

Finalement, avec le recul du temps, je pense qu'il a mieux valu que le projet envisagé ne se réalise pas. Nous aurions quand même eu cet acte sur la conscience et cela aurait pu nous tourmenter pour toujours. Par contre, il est possible que le sentiment que nous nous sommes évité ait fini par empoisonner la vie de Larègle. Ceci, bien que durant le temps où nous avons pu le voir évoluer, avant qu'il ne démissionne, sa joie de vivre ne paraissait nullement atteinte par l'assassinat qu'il avait sollicité et obtenu.

Donc les mois et même les années passèrent après l'assassinat du commissaire principal Stigny. Larègle avait déjà purgé sa peine de prison pour les cambriolages. La 18e brigade mobile avait été dissoute de même que deux autres petites brigades en France. Elle devenait un détachement de la 9e brigade mobile à Marseille au même titre que le détachement d'Ajaccio pour la Corse. En même temps, pour le groupe niçois, les Basses-Alpes n'étaient plus de son ressort. Il ne conservait que l'ensemble du département des Alpes-Maritimes. Nos chefs n'étaient plus les mêmes. Ils n'avaient pas connu M. Stigny. Très souvent ils étaient sollicités par des anciens, comme moi, en vue d'obtenir le déclenchement d'une nouvelle enquête. Ils nous répondaient toujours : Paris étudie la question avant de prendre une décision. De toute façon ils n'étaient pas motivés.

Enfin, cinq ans après l'assassinat de notre chef (cela ne paraît pas croyable), le juge d'instruction de Digne (Basses-Alpes) avait la possibilité de commettre la 9e brigade mobile pour effectuer cette enquête tant attendue. Cette fois, quand même, c'était un commissaire principal qui en était chargée. Il devait se faire assister par deux inspecteurs de la brigade marseillaise mais aussi de l'inspecteur-chauffeur Borel du groupe de Nice. Celui qui se trouvait avec M. Stigny au moment de son enlèvement et qui, aussi, avait accompagné les premiers enquêteurs, les inspecteurs Latore et Portal, dans leur mission.

Grâce à Borel, le conducteur de la voiture conduisant le commando F.T.P.F. chargé de l'exécution de notre chef, fut vite identifié et appréhendé. L'identification de tous les exécutants suivit. Ils avouèrent avoir agi sous les ordres du commandant d'armes de la place de Digne qui répondait au nom de Musch. Celui-ci fut recherché et retrouvé à Paris où il était devenu bouquiniste sur les bords de la Seine, quai des Orfèvres. Cet ancien Résistant reconnut avoir donné l'ordre de tuer le commissaire principal Stigny, qu'il ne connaissait pas, sur les démarches instantes de l'inspecteur Larègle qui le lui avait décrit comme un traître et un antipatriote.

Tout de même, se laisser influencer par les allégations d'un Larègle et ordonner l'exécution d'un homme du rang de M. Stigny, un commissaire principal chef d'une brigade mobile était une énormité que l'on a de la peine à concevoir.

Arrêté à son tour peu après, Larègle ne pouvait qu'avouer et confirmer. Il reconnut donc être l'instigateur de cet assassinat tout en essayant de donner des raisons peu valables pour motiver son comportement.

Avec les connaissances qu'il avait pu se faire dans le département qu'il considérait un peu comme son fief, Larègle fut vite informé de l'arrivée de son chef. Connaissant le restaurant de Forcalquier dans lequel il était à peu près sûr de le faire enlever à l'heure du déjeuner, il n'eut qu'un coup de fil à donner pour que tout se passe comme il en avait été décidé par avance avec celui qui était devenu le grand chef de Digne, après le départ des allemands, avec le titre de commandant d'armes de la place.

Reconnu instigateur de l'assassinat de son chef (complicité par instructions) par la cour d'assises des Basses-Alpes, Larègle fut condamné à cinq années de réclusion.

Le chef du groupe de Résistants ayant ordonné l'exécution, de même que tous les exécutants, ne fut pas condamné. Une amnistie générale avait été accordée, bien avant le jugement, pour tous les crimes et délits commis sous le couvert de la Résistance ou à l'occasion de celle-ci.

Les inspecteurs Bollot et Bouloux, qui faisaient partie de l'équipe Larègle, furent mis hors de cause.

Au cours de son interrogatoire, Larègle n'avait pu nier que

son ancien patron était pour la Résistance. Toutefois il ne pouvait, sans doute, pas savoir qu'il était inscrit à Londres comme « contact » permanent du B.C.R.A. (Bureau central de renseignements et d'actions) pour la région niçoise.

Le commissaire principal Stigny avait un passé militaire élogieux. C'était un ancien combattant. Il était titulaire de la médaille militaire, de la croix de guerre, il était chevalier du dragon d'Annam, porteur de la médaille du Tonkin et de la Croix du combattant. Il était un Résistant de la toute première heure. C'était aussi un homme de grande valeur comme policier, comme chef ou tout simplement comme homme. Il était extrêmement courageux. Il savait prendre ses responsabilités et défendre les hommes qui étaient sous ses ordres. Il faisait l'objet de l'admiration, du respect et de l'amitié de presque tous les fonctionnaires de son service et de tous ceux qui l'ont connu.

Sa mort a été trop vite oubliée. Une certaine lâcheté existait alors, même chez certains Résistants. Il était mal venu, dans cette période, de critiquer certains actes commis au nom de la Résistance. On avait trop peur de passer pour un collaborateur en attaquant ceux qui l'avaient exécuté.

C'est ainsi qu'après l'assassinat du commissaire principal Stigny, cet homme de grande valeur, lâchement assassiné dans l'exercice de ses fonctions a pu être totalement ignoré de toute la hiérarchie policière en place après la Libération. Non seulement sa mémoire n'a jamais été honorée mais depuis sa mort nul n'a jamais osé parler de cet homme ni de l'injustice de son abominable exécution.

L'ASSASSINAT DES TROIS COLLABORATEURS

Durant cette période qui a suivi la Libération de Nice, il m'a été permis de retrouver des individus que j'avais déjà identifiés dans des affaires de faux policiers ayant, plus ou moins, travaillé pour les allemands. Certains, je devais les retrouver officiers dans les F.F.I., d'autres dans le nouveau service de renseignements militaire connu sous le nom de D.G.E.R. (Direction Générale des Etudes et Recherches), qui était particulièrement chargé de rechercher les collaborateurs de l'ennemi.

La D.G.E.R. avait remplacé le B.C.R.A. (Bureau Central de Renseignement et d'Action), qui avait été créé, à Londres, en décembre 1941 par M. Wybot, sous les ordres du colonel Passy. Ce dernier service ayant lui-même succédé au Service de renseignement de la France libre.

Par la suite, la D.G.E.R. devait devenir le S.D.E.C.E. (Service de Documentation Extérieure et de Contre-Espionnage). Depuis quelques années ce service a encore changé d'appellation. Il est devenu la D.G.S.E. (Direction Générale de la Sûreté Extérieure).

Je voudrais parler ici d'une de ces affaires. Dans la nuit du 5 juin 1945, trois hommes étaient abattus dans un chemin muletier de la forêt de Turini située dans le haut pays niçois (Alpes-Maritimes). Les cadavres, découverts quelques jours plus tard, avaient été rongés par les rats et les renards. Ils étaient dans un état tel que les premiers enquêteurs devaient estimer qu'ils étaient là depuis au moins un an.

Peu de jours avant cette découverte, un homme disant se nommer Jean Servier s'était présenté à la gendarmerie de Lantosque (Alpes-Maritimes). Il prétendait avoir appartenu à la Milice et il se constituait prisonnier. On ne devait faire aucune corrélation avec la découverte des trois cadavres.

Dans les jours qui suivirent, les gendarmes du département du Var devaient interpeller, au village des Lecques, un homme porteur d'une carte de la D.G.E.R. et divers papiers afférents à l'identité du lieutenant Wassaly. Ces papiers paraissaient avoir été falsifiés et l'attitude de ce lieutenant apparaissait plutôt suspecte. Les gendarmes procédèrent à son arrestation.

Notre service devait être saisi de cette affaire et l'enquête devait m'être confiée. Le lieutenant Wassaly, qui avait été transféré à Marseille, devait être ramené à Nice où je devais l'entendre longuement au siège de notre service. Au cours de nombreux interrogatoires, le lieutenant Wassaly devait reconnaître des faits d'une importance exceptionnelle. Cet homme qui se nommait en réalité Jean Nisol, devait me faire des révélations relatives aux trois cadavres retrouvés dans la forêt de Turini, dont les corps avaient déjà été inhumés dans le petit cimetière de la commune du Moulinet (Alpes-Maritimes), sous leur anonymat.

Tout d'abord, Jean Nisol devait reconnaître avoir bien appartenu à la D.G.E.R. Avec d'autres officiers il avait été chassé de ce service un mois auparavant pour s'être livré à des trafics divers. Tous exerçaient leurs fonctions à Savone (Italie).

Nisol devait m'apprendre que les trois cadavres découverts dans la forêt de Turini étaient ceux de trois miliciens : Robert Pepson, ex-directeur d'un service politique, Paul Vizon, ex-officier ministériel et milicien et Bernard Bijean, un ancien prisonnier devenu travailleur volontaire en Allemagne.

Après le débarquement des Alliés en Normandie, les trois hommes devaient quitter Vichy pour se rendre en Allemagne avant de passer en Italie. Peu après ils devaient se constituer prisonniers à la Délégation française de Savone. L'ex-directeur politique de la milice avait emporté, dans sa fuite, la caisse de son service. Cela représentait près de sept millions de francs de l'époque. En plus, il possédait une valeur de trois millions de francs en monnaie allemande, soit au total, une dizaine de millions de francs. Paul Vizon et Bernard Bijean possédaient quatre-vingt-dix mille francs chacun.

Après six jours de détention à Savona, un certain lieutenant « Henri » les prit en charge pour les conduire à San Remo. Ce lieutenant n'était autre que le nommé Henri Malarice qui avait été identifié par notre service dans une affaire de vols aux faux policiers dans laquelle avait participé un sous-officier allemand au préjudice d'un nommé Kance.

A San Remo, les trois miliciens furent détenus durant une quinzaine de jours. Un après-midi, le lieutenant Henri vint les chercher, accompagné de deux autres officiers : le lieutenant Wassaly et le lieutenant Kilci, en réalité Mario Berti.

Sous le prétexte d'un transfert à Nice, les trois miliciens furent embarqués dans deux véhicules dont l'un devait être conduit par un italien du nom de Pietro Vazone qui, antérieurement, exploitait un commerce à Nice.

En même temps que les trois miliciens déjà mentionnés, un quatrième détenu fut emmené, le nommé Aude Etienne, ancien membre d'un groupe collaborateur. A 23 h 30, les deux voitures quittaient San Remo, traversant la frontière à Vintimille, puis prirent la route en direction de la forêt de Turini. A un certain moment, le véhicule de tête, le plus petit, s'arrêta et les trois officiers, prétextant une panne, firent descendre leurs prisonniers et tout le monde prit place à bord de la grande voiture. L'autre étant abandonnée. Quelques minutes plus tard, le deuxième véhicule devait s'arrêter également. Sous le prétexte que celui-ci était trop chargé. Les lieutenants décidèrent d'aller à pieds. Prenant leurs mitraillettes ils obligèrent les quatre prisonniers à les précéder dans un chemin muletier. Comme ils avaient été étroitement ligotés durant le voyage on devait leur délier les pieds pour leur permettre de marcher.

On était en pleine nuit, de ce fait des lampes électriques furent allumées et le cortège se mit en route, les officiers armés marchant derrière les prisonniers. Le dernier embarqué, Aude Etienne, profita de cette marche à pied pour projeter de s'évader. Cette résolution lui sauva la vie.

Peu après, il parvenait à desserrer les liens qui attachaient ses membres supérieurs. Il se trouva ainsi à peu près libre de ses mouvements.

A un certain moment, sans avertissement préalable les trois officiers et le chauffeur déchargèrent leur mitraillette sur les malheureux prisonniers qui les précédaient. Pepson, Vizon et Bijean étaient tués sur le coup et s'abattaient sur le chemin tandis que Aude Etienne, par miracle, légèrement blessé se précipitait dans le ravin bordant le petit chemin.

Désireux de supprimer à tout prix ce témoin extrêmement gênant, qui par ses révélations éventuelles pouvait les empêcher de jouir impunément des millions qu'ils s'étaient appropriés, ils le recherchèrent activement car il fallait absolument le retrouver.

Pendant toute la nuit et même durant toute la journée du lendemain, les quatre tueurs s'acharnèrent désespérément à rechercher le fugitif devenu dangereux pour leur sécurité.

Heureusement pour Aude Etienne ces recherches devaient rester infructueuses et, deux jours après les sinistres exécutions, il se constituait prisonnier à la gendarmerie de Lantosque.

Craignant d'être remis au lieutenant Henri et aux autres de son équipe, il jugea préférable de ne pas parler du drame qu'il venait de vivre et de décliner la fausse identité de Jean Servier.

Transféré à Nice, il devait par la suite répondre de ses actes de collaborateur par devant la cour de justice du lieu où il avait exercé son activité au sein de la Milice.

Henri Malarice et Mario Berti se mirent en cavale immédiatement après l'assassinat des trois collaborateurs. Le chauffeur italien, Pietro Vazone, pensant échapper à toute identification, devait revenir tranquillement à Nice peu après. Connu de la police d'Etat pour avoir été un fasciste très actif et pour avoir travaillé avec les allemands, il devait être arrêté par la section judiciaire de Nice. Malheureusement, la cour de justice devant laquelle il avait été déféré devait, après l'avoir laissé en liberté provisoire, le faire expulser de France peu de jours après. Il devait regagner l'Italie.

Jean Nisol, alias lieutenant Vassaly avait également mis en cause cet autre officier de la D.G.E.R., le lieutenant Robert Stives, en réalité André Potiot, à qui les trois collaborateurs s'étais constitué prisonniers à Savone. Aux dires de Nisol, Stives était de connivence avec le lieutenant Henri et il avait « touché » sa part de l'argent qui avait été dérobé aux trois miliciens. Lui aussi avait pris la fuite, comme Henri Malarice et Mario Berti. Il devait également faire l'objet d'un mandat d'arrêt.

Je dois préciser qu'avant de se mettre en « cavale », les tueurs essayèrent de jouer une dernière carte. Après deux jours de recherches acharnées et même désespérées, les co-auteurs de ce triple assassinat et de cette tentative n'étaient pas parvenu à découvrir Etienne Aude sur le terrain. Ils ne s'étaient quand même pas avoué battus. Officiers de la D.G.E.R., ils étaient bien placés pour continuer à rechercher l'homme qui représentait pour eux un si grand danger. Toutes les portes leur étaient ouvertes dans les lieux où était susceptible de se trouver le fugitif. Je devrais plutôt dire le miraculé. Ils savaient que Etienne Aude était sans papiers d'identité et sans argent. Ils pensèrent avec logique qu'il se ferait appréhender ou, mieux, qu'il se constituerait prisonnier à un service de police ou de gendarmerie en qui il aurait toute confiance quant à sa sécurité. Ils pouvaient aussi espérer que dans un premier temps, tout au moins, Etienne Aude préférerait garder le silence sur la tragédie qu'il venait de vivre.

Effectivement, je devais l'apprendre plus tard, le 7 juin, le lieutenant Henri devait le découvrir dans un centre de triage pour collaborateurs, à Beaulieu-sur-Mer (Alpes-Maritimes). Le lieutenant chargé de la surveillance de ce centre fut sollicité par deux femmes : Mme Juliette Matali, maîtresse de Malarice et Yvonne Couro, épouse de Nisol. Elles lui demandèrent de laisser évader l'interné lui précisant qu'il serait abattu dès sa sortie du centre. Heureusement pour Aude, le lieutenant responsable refusa. Une deuxième fois il échappait à ses assassins.

Les corps des trois malheureux qui avaient été lâchement assassinés, avaient été retrouvés dans un ravin par un berger, une dizaine de jours après la tuerie. Ils avaient été tellement abîmés par les renards et les rats que les premiers enquêteurs crurent que le décès remontait au moins à un an.

Les trois victimes avaient été inhumées sans identification au cimetière du Moulinet (Alpes-Maritimes). Je devais assister le Procureur de la République du Parquet de Nice, M. Rosier d'Albert et M. Serre, juge d'instruction, lors de l'exhumation des restes de ces trois collaborateurs. Il y avait aussi le docteur Notle, médecin légiste, le greffier du juge d'instruction et maître Baret, avocat de Nisol.

L'opération fut très pénible à supporter, tant pour la vue que pour l'odeur. Il faisait chaud ce jour-là. Grâce aux précisions demandées à Nisol sur les signalements et les détails vestimentaires des victimes, les trois corps purent être identifiés d'une façon absolument formelle. Ainsi, sur chaque cercueil il fut possible d'apposer une plaque d'identité au nom de chaque victime.

Ce qui avait beaucoup frappé et même choqué l'opinion publique à l'époque, c'était le fait qu'un homme comme Henri Malarice ait pu s'introduire dans la D.G.E.R. Nombreux étaient ceux qui, dans la région niçoise, savaient que cet homme avait fui en Italie au moment de la Libération de la région niçoise. Il avait travaillé pour les allemands et effectué des coups de faux policiers avec leur protection.

Après la Libération, le 28 décembre 1944, la cour d'assises de Nice l'avait condamné, par contumace, à vingt ans de travaux forcés et à la confiscation de ses biens. Pour le vol aux faux policiers commis le 4 décembre 1943 au préjudice de M. Kance, en compagnie de trois complices français et un adjudant de la Wehrmacht, Henri Malarice devait être condamné, par défaut, à quatre ans de prison.

Quatre ou cinq mois après ces condamnations et après qu'une large publicité ait été faite et que sa photographie eut été publiée par la presse, cet homme avait pu s'infiltrer dans la D.G.E.R. avec des hommes du même acabit. Ils étaient pourtant loin de posséder les titres requis pour faire partie de cet organisme spécialement chargé de rechercher les collaborateurs.

Après les interrogatoires de Nisol et son dépôt à la maison d'arrêt de Nice, j'avais des raisons de penser que Malarice, Mario Berti et les deux femmes essayeraient de passer en Espagne par la Côte Basque d'où Henri était originaire.

Le jeune inspecteur Blanc qui m'avait assisté dans cette affaire et moi nous partîmes prospecter du côté de Saint-Jean-de-Luz et Hendaye dans le but de découvrir une trace du passage des fugitifs. J'avais été amené à prendre contact avec des officiers de la D.G.E.R. de cette zone frontalière, pensant qu'ils pourraient nous aider dans nos recherches. Cela n'a pas été le cas et mon impression a été que grâce à leurs galons d'officiers sur les manches et à l'argent qu'ils pouvaient distribuer avec largesse, le passage de la frontière espagnole n'avait pu que leur être facilité.

André Potiot, alias Stives, subordonné de Malarice à Savone et complice dans cette affaire avait pris la fuite de son côté. Il devait se faire arrêter à Casablanca (Maroc) en juin 1946.

Le 29 mai 1947, Nisol et Potiot comparaissaient devant la cour d'assises de Nice. Ce tribunal devait retenir que Nisol était un faible qui s'était laissé entraîner par Malarice. Il fut condamné à cinq ans de réclusion. Potiot, bien que complice n'avait pas participé à la tuerie. De plus il était jeune et avait des titres de résistance réels et élogieux. Il fut condamné à deux ans de prison avec sursis. Quand Henri Malarice, Mario Berti, le chauffeur italien Pietro Vazone et les femmes Juliette Matali et Yvonne Couro, épouse Nisol, tous furent condamnés aux travaux forcés à perpétuité par contumace.

Par la suite, je devais être nommé à Marseille et, de ce fait, je devais totalement perdre cette affaire de vue.

LA VIEILLE DAME TORTUREE

Longtemps après la Libération, j'ai été amené à m'occuper encore d'affaires relatives à l'Occupation, à la Libération et aux exactions, injustices ou abus qui ont pu être commis à l'occasion de celles-ci. Je voudrais encore en citer une, dont j'ai eu à m'occuper en janvier 1946. Je voudrais en parler pour deux raisons. D'abord pour faire connaître les atrocités qui ont été commises sur la personne d'une femme âgée, ensuite parce que l'arrestation d'un officier ayant appartenu à la Résistance fut assez cocasse et que les faits rapportés par la presse sur cette arrestation étaient plutôt ridicules. Vaguement informée par des fuites, de l'arrestation d'un lieutenant, la presse devait interpréter les faits d'une façon aussi théâtrale que fantaisiste.

Madame Elisa Goujon, veuve Ribuot, âgée de 57 ans, exploitait depuis longtemps un petit commerce de mercerie dans le petit village de Touët-de-Beuil (Alpes-Maritimes). Cette personne était bien estimée d'une grande partie de la population. Par contre, d'autres lui reprochaient des opinions germanophiles. Etait-ce pour cette seule raison ? Toujours est-il que le 20 juillet 1944 cette dame fut arrêtée par les membres d'un groupe de

Résistants, en même temps que trois autres femmes. Après avoir été transférée à Beuil, la mercière devait être relâchée.

Quatre jours après son arrestation, cette dame se trouvait à la gare de son village. Sur le quai elle pouvait apercevoir trois des jeunes gens qui avaient participé à son arrestation. Au même moment, un groupe de soldats Allemands pénétraient dans la gare et procédait à un contrôle d'identité. La veuve Ribuot ne devait pas dénoncer les trois jeunes maquisards qu'elle venait de reconnaître. Personne ne fut inquiété par les Allemands.

Le 29 juillet la mercière devait être à nouveau arrêtée par le même groupe de résistants. Pour quel motif cette nouvelle arrestation ? Cinq jours auparavant, sur le quai de la gare et lorsque les allemands procédaient à des vérifications d'identité, un homme se trouvait en compagnie des trois jeunes maquisards qu'elle avait reconnu mais qu'elle n'avait pas dénoncés aux allemands. Cet individu, qu'elle ne connaissait pas n'avait pas participé à son arrestation du 20 juillet. Il se nommait Pascal Vaton. Il était âgé de 62 ans et il était plus connu sous le sobriquet de « Tout va bien ». Cet homme avait la réputation d'un primitif, d'un ivrogne à demi clochard.

Ce « Tout va bien » s'était tout simplement imaginé que les allemands ayant opéré en gare le 24 juillet avaient été prévenus par la veuve Ribuot pour l'arrêter personnellement. Ceci bien que cette arrestation ne se soit pas produite.

Dénoncée pour ce fait la mercière fut donc à nouveau appréhendée et emmenée par ce groupe de résistance au Mians, petit hameau de Valberg (Alpes-Maritimes). « Tout va bien », en état d'ivresse devait se charger de l'interrogatoire.

Naturellement la veuve Ribuot se refusait à avouer ce que voulait lui faire dire l'homme qui devait être, tout à la fois le témoin, le tortionnaire, le juge et vraisemblablement l'exécuteur. Pour la faire avouer il commença par battre la malheureuse femme avec une corde avec des nœuds. Voyant qu'il n'obtenait pas de résultat, il s'y prit autrement. Il fallait qu'elle avoue. Il alluma un feu, puis traînant la malheureuse à proximité de celui-ci, il devait lui brûler les pieds. A tel point qu'aux dires de certains témoins on ne pouvait plus distinguer les doigts. Malgré l'atrocité de ses souffrances, la malheureuse dame âgée ne cessait de crier qu'elle était innocente.

Aux dires de certains témoins, le chef de ce groupe de Résistants que l'on appelait, au maquis, le capitaine « Francis », aurait assisté à cet interrogatoire inhumain. Il était le chef de « Tout va bien ».

Après avoir été torturée, la veuve Ribuot dut suivre ses bourreaux jusqu'aux Amignons, un hameau situé à quelques kilomètres de là. Dans l'impossibilité de remettre ses chaussures, la malheureuse fut obligée de cheminer nu-pieds sur des sentiers rocailleux. Arrivée aux Amignons, la mercière fut enfermée dans une grange. Quelques jours plus tard les importantes brûlures de ses pieds s'infectèrent. Ce fut alors la gangrène, la vermine et les mouches qui procurèrent d'autres souffrances à la malheureuse. Elle avait de la fièvre. Elle délirait et gémissait. C'est alors que son exécution fut décidée par ses tortionnaires. On l'obligea encore à se traîner sur plusieurs centaines de mètres avant de lui tirer une balle dans la nuque.

Ce n'est qu'à la fin de l'année 1945 que les langues se délièrent et que le Procureur de la République de Nice fut informé de ces faits. Le lieu où la malheureuse avait été ensevelie était précisé. Une information fut ouverte et M. Serre, juge d'instruction fut chargé d'instruire cette affaire. Je devais être désigné pour assister ce magistrat dans l'opération d'exhumation qui devait être suivie par l'autopsie de la victime. Elle devait être pratiquée par le médecin légiste sur les lieux mêmes. Le corps avait été enterré en pleine colline. Les restes de la malheureuse dame n'étaient pas beaux à voir. Elle avait été ensevelie sans caisse ni linceul. Au cours de l'autopsie, il fut établie que la vieille dame avait été exécutée d'une balle dans la nuque. Le projectile de calibre 7,65 mm devait être récupéré.

Après cette pénible opération, le magistrat, son greffier, le médecin légiste, le chauffeur de la brigade qui nous avait conduit avec un véhicule du service et moi-même, nous devions déjeuner ensemble dans une petite auberge de campagne. C'est au cours de ce repas que le juge d'instruction devait me faire connaître les détails de cette triste affaire. Il me fit part de son intention de la traiter personnellement. Je ne devais pas être chargé de l'enquête sur ce drame affreux. Simplement, par la suite, je devais être amené à procéder à l'arrestation du lieutenant « Francis ». En ce qui concernait cet homme, ce magistrat m'avait dit que s'il était bien le chef du groupe de Résistants ayant eu sous ses ordres le dénommé « Tout va bien », sa responsabilité devrait être envisagée. S'il était établi qu'il avait personnellement assisté à cet odieux interrogatoire, sa complicité serait certaine. Il possédait déjà de sérieux éléments d'information.

Dans les jours qui suivirent, le capitaine « Francis » devait être convoqué dans le cabinet d'instruction à plusieurs reprises mais en vain. Le magistrat instructeur savait où il pouvait être touché à Puget-Thénier (Alpes-Maritimes). En conséquence, il devait prendre la décision de décerner un mandat d'amener contre lui. Il faut dire que le capitaine « Francis » dans la Résistance était en réalité Francis Lauser. Après la Libération, l'armée avait homologué son titre provisoire d'officier dans le maquis. Il était devenu officier de carrière avec le grade de lieutenant. Il avait été fait chevalier de la Légion d'honneur.

Le mandat d'amener concernant le lieutenant Francis Lauser me fut confié. Bien que n'étant pas un mandat d'arrêt, en vertu de ce mandat de justice un fonctionnaire de police est tenu d'appréhender et de conduire devant le juge mandant, même par la contrainte, le cas échéant, celui qui en fait l'objet.

Le 8 janvier 1946, deux collègues devaient justement se rendre à Puget-Thénier pour enquêter sur une toute autre affaire. J'en profitais pour leur demander de bien vouloir conduire, dans un premier temps, le lieutenant Lauser, dans nos locaux en vertu du mandat précité. Vu la personnalité de ce militaire cela ne devait être qu'une simple formalité sans complication possible.

L'après-midi, pendant que mes deux collègues se trouvaient encore à Puget-Thénier, le lieutenant Lauser se présentait spontanément au siège de la brigade s'étonnant d'avoir fait l'objet de plusieurs convocations qui n'avaient pu le toucher personnellement. Lauser était en tenue de lieutenant d'infanterie. C'était l'hiver et il portait son manteau militaire, à la boutonnière duquel était fixé le ruban de la Légion d'honneur. Il s'était fait accompagner de son capitaine qui, lui, était en civil.

Le planton devait immédiatement conduire les deux hommes dans le bureau du chef de brigade, le commissaire principal Baldetini. Dès qu'il comprit de quelle affaire il s'agissait, mon chef me passa un coup de fil à mon bureau au premier étage de la villa en me demandant de venir le voir immédiatement.

Sans avoir mis au courant le lieutenant de ce qu'il y avait contre lui, M. Baldetini se contenta de me le présenter ainsi que son capitaine. Il me laissait le soin de lui notifier le mandat de justice. Immédiatement, je pensais que s'il se présentait au service cet après-midi là c'était parce que le matin même il avait appris que deux inspecteurs du service l'avaient recherché à Puget-Thénier.

Je priais les deux hommes de me suivre. Toutefois, en traversant le hall d'entrée, je priais le capitaine de s'asseoir un moment et de m'attendre quelques instants, désirant m'entretenir confidentiellement avec le lieutenant.

Arrivé dans mon bureau, au premier étage, avant même d'inviter le lieutenant à s'asseoir, je lui annonçai qu'il faisait l'objet d'un mandat d'amener de M. Serre, juge d'instruction et que j'avais le devoir de le conduire devant ce magistrat. Pour tout autre individu, d'autorité, j'aurais immédiatement procédé à une fouille à corps pour m'assurer qu'il n'était point porteur d'une arme. En la circonstance, eu égard pour son uniforme d'officier français et pour le ruban qu'il portait à sa boutonnière, je prix le risque d'agir en « gentleman ». Je lui dis :

— Lieutenant, si vous êtes armé je vous prie de me remettre votre arme.

A ce moment le lieutenant fit un pas en arrière et me répondit :

— Je suis armé et je resterai armé !

J'étais un rapide. Il avait à peine terminé sa phrase que je lui plaquai mon pistolet sur le ventre. Aussitôt après je déboutonnais son manteau et m'emparais du gros pistolet colt, calibre 11,43 mm qui n'était pas dans un étui mais simplement passé à son ceinturon.

Blanc de colère, le lieutenant Lauser devait me dire :

— Vous venez d'avoir un geste que vous regretterez.

Je me contentais de répondre :

— J'ai dix ans de police et j'en ai vu d'autres.

Après cela je devais faire garder le lieutenant à vue par un collègue le temps d'informer son capitaine de la situation dans laquelle se trouvait son subordonné. Je supposais bien que, comme son lieutenant, il n'ignorait rien de ce qui avait motivé ce mandat de justice. De gros articles de la presse locale du 4 janvier avaient longuement parlé de cette affaire et le nom du lieutenant était mentionné. Sans demander plus d'explication cet officier devait quitter le service.

Après avoir établi par procès-verbal la notification du mandat de justice au lieutenant Lauser, assisté d'un collègue, je devais le conduire en voiture devant le juge d'instruction. Toutefois, sans lui passer les menottes.

Ayant informé le magistrat de ce qui venait de se passer quelques minutes plus tôt, celui-ci procéda à un bref interrrogatoire d'identité avant de l'inculper et de décerner un mandat de dépôt. De ce fait, toujours sans lui passer les menottes, je devais le faire écrouer à la maison d'arrêt de Nice.

Après coup, je me suis longuement interrogé afin de savoir si j'avais bien fait de « braquer » cet officier alors qu'il avait refusé de me remettre son arme. J'avais eu le même réflexe pour lui que s'il s'était agi d'un malfaiteur quelconque.

Pour justifier mon geste, vis-à-vis de moi-même, car sur le plan juridique rien ne pouvait m'être reproché, j'ai bien analysé les faits. Cet officier s'était présenté de lui-même à la 18e brigade mobile parce qu'il se savait recherché. Il avait jugé préférable et d'un bien meilleur effet de s'y présenter volontairement plutôt que d'y être conduit. Comment expliquer qu'il se rendait dans un service de police français et parfaitement légal avec une arme de guerre dissimulée sous sa capote ? Depuis seize mois la région de Nice était libérée. Il n'y avait plus d'allemands. De quoi avait-il peur cet homme réputé courageux ? Avait-il l'intention, dans le cas où on aurait voulu l'arrêter, d'intimider et de menacer, l'arme au poing, le ou les policiers afin de pouvoir se replier, s'enfuir et se placer ensuite sous la protection des autorités militaires ? Ceci n'est qu'une hypothèse qui pouvait justifier le port de cette arme. Toutefois ce n'est qu'une hypothèse.

De toute façon, il était impensable que j'accepte de conduire un homme, quel qu'il soit, en état d'arrestation dans le cabinet d'un juge d'instruction avec un colt à la ceinture. Et s'il avait refusé de me suivre ? J'aurais dû m'incliner comme un petit garçon ou bien « défourailler », à ce moment seulement, avec toutes les conséquences qui auraient pu en découler.

Si je l'avais conduit dans le bureau du juge armé, j'aurais commis une faute et j'aurais été amené à en commettre une autre encore plus lourde. Il était impensable que je puisse conduire un détenu à la maison d'arrêt pour y être écroué, avec une arme de guerre sous son manteau. C'est à juste titre que le directeur de la prison aurait pu signaler mon énorme faute.

Le lieutenant Lauser était un Résistant authentique. Il a pu se justifier entièrement en ce qui concernait sa participation ou sa responsabilité dans cette vilaine affaire. Il y a tout lieu de le supposer puisqu'il a bénéficié d'un non-lieu.

Deux jours après l'arrestation du lieutenant Lauser, l'individu connu sous le nom de « Tout va bien » était arrêté par les gendarmes de Villars-sur-Var (Alpes-Maritimes).

Le juge d'instruction ayant été seul à mener l'enquête, je n'ai pas eu à en connaître le déroulement ni la fin.

SCANDALE POUR LE PARQUET DE GRASSE

Après la Libération du pays, de grands changements se sont produits dans la police. A la 18ᵉ brigade mobile de Nice, c'était presque un bouleversement. En voici les raisons :

Un peu avant que je sois affecté à se service niçois, donc avant le 1ᵉʳ janvier 1943, un commissaire de police de cette petite brigade, encore jeune, sollicitait sa mise en disponibilité. Il s'agissait de M. Achille Peretti.

Au début de mon affectation à Nice, j'ai eu l'occasion de faire sa connaissance et de le revoir à plusieurs reprises au siège de la brigade. Il venait de temps à autre dire bonjour à ses amis. Il était extrêmement sympathique. Je l'ignorais, alors, et je n'étais pas le seul, il s'apprêtait à créer le réseau de résistance « Ajax ». Avant de quitter ses fonctions, il avait contacté et recruté, pour son futur réseau, certains policiers qu'il avait connu dans les régions de Nice et de Marseille. Certains avaient eu l'occasion de traiter des affaires avec lui à la brigade de Nice.

Après la Libération, l'ex-commissaire de police devait être nommé Préfet, et plus spécialement Directeur général adjoint de la Sûreté nationale. Du fait de son grade, au sommet de la hiérarchie de la « Grande Maison », il était naturellement bien placé pour récompenser les policiers ayant eu la chance de faire partie de son réseau. Il leur faisait obtenir un avancement important sans qu'ils aient à passer le concours d'usage. C'est ainsi qu'à la 18ᵉ brigade mobile, cinq inspecteurs furent nommés commissaires de police sur place, au titre de la Résistance.

Il faut reconnaître que tous ceux qui avaient travaillé pour d'autres réseaux de Résistance et qui n'en ont pas été récompensé par un tel avancement et tous les autres, n'ont pas beaucoup apprécié sur le moment. Ceci, d'autant plus que ces avancements n'étaient pas toujours justifiés par des mérites certains, que ce soit au point de vue de l'activité clandestine pour la Résistance ou pour les capacités professionnelles. Ces nominations furent très nombreuses et certains pensaient beaucoup trop. A ce sujet, je voudrais citer un passage du livre intitulé : « Roger Wybot et la bataille pour la D.S.T. » *. Par la plume de M. Philippe Bernert, l'auteur de l'ouvrage, M. Wibot dit textuellement ceci :

« En juillet 1943, Achille Peretti mettra sur pied son réseau « Ajax » qui fera, jusqu'à la Libération, un travail magnifique mais dont l'extension foudroyante, après la fuite des allemands, me surprendra un peu. Composé, à ses débuts, d'éléments précieux et sérieux assez peu nombreux, il se distinguera, un an plus tard par la prolifération inouïe de ses membres. Selon l'expression biblique il y aura plus de policiers Résistants que d'étoiles dans le ciel. »

M. Rober Wibot avait créé, à Londres, en décembre 1941, le B.C.R.A. (Bureau Central de Renseignements et d'Actions) sous les ordres du colonel Passy et du général de Gaulle. Après la Libération c'est lui qui créa la Direction de la Surveillance du Territoire qui jusque-là n'était qu'un service dirigé par un

---

* Editions Presses de la Cité.

contrôleur général. Il était alors bien placé, lui aussi, dans les sommets de la hiérarchie de la Sûreté nationale, pour se rendre compte de certaines choses. Il n'en est pas moins vrai que les mérites personnels de M. Achille Peretti étaient grands. A juste titre ils devaient lui permettre de parvenir au faite des honneurs et d'atteindre des sommets tant sur le plan politique qu'administratif. Il devait devenir député, maire de Neuilly et Président de la Chambre des députés.

Naturellement, ces avancements au titre de la Résistance devaient avoir un contre-coup préjudiciable à l'avancement de certains. L'on avait tellement nommé de commissaires de police sans concours qu'il y eut pléthore de fonctionnaires de ce grade durant plusieurs années.

Personnellement je m'était présenté au concours de commissaire de police de début 1944. J'avais échoué de peu et je comptais bien me représenter à nouveau l'année suivante. En temps normal il y avait un concours par an et les candidats pouvaient se représenter jusqu'à trois fois. Malheureusement pour moi, après cette vague de nominations, le concours qui suivit devait avoir lieu de nombreuses années après. De plus, afin de limiter le nombre des nouveaux candidats, le niveau du concours avait été relevé. De toute façon, personnellement, j'étais frappé par la limite d'âge. En fin de carrière je devais me contenter du grade d'officier de police principal.

Ces avancements sans concours dans la police, avaient été interprétés par beaucoup de policiers comme une injustice. Les nouveaux promus avaient été baptisés « Les parachutés » ou les « maquignons » de la Résistance. Je dois préciser que, parallèlement aux nominations en provenance du nouveau Directeur général adjoint, il y avait d'autres filières qui permirent à certains de se faire promouvoir commissaires de police par intrigue ou « coup de piston ».

Je dois dire que certains de ces nouveaux promus avaient

réellement acquis des mérites dans la Résistance et que, de plus, ils avaient les capacités requises pour exercer leurs nouvelles fonctions. Toutefois, il y en avait d'autres qui répondaient aux mêmes critères mais qui furent ignorés. Par contre, beaucoup d'autres étaient bien connus de leurs collègues pour n'avoir jamais pris de risques, pas plus dans leur métier de policier que dans une action pour la Résistance, ou pour la défense des Résistants. Le nouveau grade de commissaire de police, acquis d'un coup de baguette magique, devait leur permettre, par la suite, d'accéder à des grades bien supérieurs et dans un « fauteuil ».

Tous ceux qui ont subi un préjudice de carrière du fait qu'ils ont été privé du concours auquel ils auraient voulu se présenter en temps normal, ont été les victimes d'un passe-droit « légalisé ». Ils en ont gardé une certaine amertume et cela peut se comprendre.

Au sein de la brigade mobile de Nice, du jour au lendemain, les nouveaux commissaires devinrent les supérieurs de leurs collègues demeurés inspecteurs. De nouvelles équipes furent créées. Julien Palau avait été l'un des cinq bénéficiaires de cet avancement exceptionnel. Par la suite, plus d'une année plus tard, je devais être désigné pour faire équipe avec lui. Depuis longtemps j'avais perdu mon fidèle co-équipier du temps des faux policiers. Mon ami Richeville qui, sur sa demande, était passé à la Surveillance du Territoire. J'avais eu l'occasion d'effectuer plusieurs missions dans les Basses-Alpes avec Palau. J'étais alors le chef de mission car il était plus jeune que moi en âge et surtout en ancienneté P.J. Du fait des événements il était devenu mon chef bien que j'eusse obtenu la qualité d'officier de police judiciaire auxiliaire du Parquet, après examen. Qualité qu'il n'avait pas encore obtenue. Néanmoins, étant donné que Julien Palau était un ami et un garçon intelligent et qu'il n'oubliait pas que j'avais contribué à lui apprendre le métier, il n'a jamais marqué, dans son comportement avec moi, qu'il était devenu mon supérieur. Je dois dire que s'il en avait été autrement, mon caractère ne m'aurait pas permis de le supporter. C'est donc la main dans la main, avec la même franche camaraderie comme par le passé, que durant un certain temps nous avons fait, à nous deux, une excellente équipe.

Ensemble nous devions traiter avec succès de nombreuses affaires n'ayant plus aucun rapport avec l'occupation et ses suites. Ceci jusqu'au jour où nous fûmes chargé d'une enquête dont le dénouement devait créer des remous et même un certain scandale dans les milieux judiciaires de la ville de Grasse. Cette affaire découlait, à nouveau, de faits de collaboration avec l'ennemi. C'était à la fin de l'année 1946. A ce moment les cours de justice chargées de juger les faits de collaboration ou d'intelligence avec l'ennemi fonctionnaient toujours. Cette affaire, une fois traitée avec succès, devait par la suite, être la cause d'une aventure très déplaisante et fâcheuse pour les policiers qui l'avaient diligentée. Elle faillit même avoir de lourdes conséquences pour eux.

En décembre 1946, Vladimir Valtouch, né en 1890 à Odessa (Russie), apatride, plusieurs fois condamné pour escroquerie ou vols, expulsé du territoire français, avait réussi à se glisser dans un milieu de magistrats et d'avocats à Grasse. Venant d'Allemagne, Vladimir Valtouch entrait en France vers 1912. Tout d'abord, il se disait étudiant. Il devait ensuite exercer plusieurs métiers avant de devenir brocanteur. Ayant acquis un certain standing il devait devenir ensuite avocat-conseil et directeur de contentieux.

Escroquant à droite et à gauche, il devait parcourir la France. A cinquante-six ans, il avait encore des moyens de persuasion très important. Sa prestance et son bagout lui assuraient un certain succès auprès des dames. Il savait gagner leur confiance.

Sous le nom de Maître Valtou il était très connu comme

avocat dans la salle des pas-perdus du palais de justice de Grasse. Très aimable avec chacun, il ne manquait pas de faire état de ses hautes relations. Elles étaient amicales et mêmes intimes avec certains magistrats, notamment avec le Commissaire du gouvernement et un juge d'instruction attachés à la Cour de justice de la citée des parfums. Souvent on pouvait les voir festoyant ensemble.

Ses cartes de visites portaient les indications : V. Valtou, Directeur de l'étude Gasval de la Trinité à Nice et avenue Secrétan à Paris.

S'affichant avec des personnes influentes, cet homme devait profiter de ses relations pour commettre de nombreuses escroqueries.

Faisant état de son amitié avec le Commissaire du gouvernement près de la cour de justice, il devait soutirer de l'argent à des familles d'inculpés devant être déférés devant cette juridiction. Entre autres interventions, il avait promis aux familles la grâce de deux condamnés à mort.

Il devait s'occuper d'une affaire concernant un nommé Girello qui avait fait remettre par son amie, au faux avocat, soit-disant délégué à la Cour de justice, une somme importante afin qu'il obtienne une condamnation minime.

Le matin même du procès, alors que le prévenu suivait les couloirs du Palais de justice entre deux gendarmes, il se précipita vers lui pour lui dire :

— Vous n'avez rien à craindre mon ami ! Vous ne risquez pas plus de cinq ans de prison. J'arrive de Paris et tout est arrangé.

Girello fut condamné à mort. A l'audience, on devait donner lecture d'une lettre anonyme ainsi conçue :

« La maîtresse de Girello a soudoyé un personnage influent afin que son amant évite un juste châtiment. Le tribunal doit en être avisé afin que justice soit faite. »

Valtouch avait tout prévu : n'ayant rien fait pour l'accusé, il avait lui-même rédigé et envoyé cette lettre afin de se ménager une excuse valable. Le procédé devait réussir.

Après avoir souligné que sans cette lettre anonyme tout aurait bien marché, il devait se faire remettre 40.000 F supplémentaires par l'amie, afin de faire commuer la peine de mort en vingt ans de travaux forcés.

La peine de mort se transforma en travaux forcés à perpétuité. Là alors, l'amie de Girello se fâcha et elle réclama le remboursement des sommes versées par elle. Le russe eut beau lui exhiber un papier à en-tête du ministère de la Justice, parvenu entre ses mains on ne sait trop comment, la femme ne démordit pas et lui dit :

— Si dans trois jours je ne suis pas remboursée, je déposerais plainte contre vous.

Il n'en crut pas un mot et ne changea rien à ses habitudes. Il devait alors être appréhendé peu après un dépôt de plainte au commissariat de police de Grasse. Une information avait été ouverte et Palau et moi nous fûmes chargés de cette affaire. Une perquisition au domicile de Valtouch nous permis de découvrir et de saisir une documentation intéressante. Nous devions nous rendre compte qu'il avait en main des pièces officielles qui n'avaient pu qu'être soustraites de dossiers d'accusés devant être jugés en cour de justice. Il y avait aussi de nombreuses copies de procédures. Interrogé sur ce point Valtouch avouait que c'était par sa maîtresse, Viviane Salin, qu'il avait obtenu toutes ces pièces officielles et secrètes qui lui permettaient de faire pression sur des personnes au passé douteux.

Son amie était secrétaire principale au Parquet de Grasse. Nous devions l'appréhender à son tour. Elle devait confirmer les dires de son ami le faux avocat Valtou, à savoir qu'elle sortait, sur sa demande, certaines pièces de dossiers de cour de justice et même, quelquefois, des dossiers complets. De plus elle avait accepté de placer sur sa propre boîte aux lettres une carte au nom de V. Valtou, Directeur de l'étude Gasval.

Valtouch et Viviane Salin furent présentée à M. Voutier, Procureur de la République. Tout de suite nous pouvions constater que cette affaire ne l'enchantait pas. La complicité de la secrétaire du Parquet et la mise en cause de certains magistrats n'étaient pas faites pour le réjouir. Néanmoins, peu après, nos deux délinquants furent inculpés et placés sous mandat de dépôt par M. Senas, juge d'instruction. Nous devions les faire écrouer nous-mêmes à la maison d'arrêt de Grasse.

Après la présentation au Parquet de nos deux personnes qui avaient fait des aveux complets, la 18e brigade mobile ne fut plus chargée de la poursuite de l'enquête. Palau et moi nous étions dessaisis. La commission rogatoire du juge d'instruction nous était retirée purement et simplement. Elle ne devait plus être confiée à un autre service de police. Pourtant, après les aveux des deux délinquants, il était clair que les investigations devaient être poursuivies beaucoup plus loin. Une douzaine de personnes de qualité, dont plusieurs magistrats, avaient été mis en cause par Valtouch. Sa très longue déposition, faite sous la foi du serment, était accablante pour certains. A croire que l'on a voulu stopper net une enquête qui allait mettre à jour une véritable « magouille » autour du palais de justice.

Cette affaire devait faire grand bruit et la presse devait la présenter comme un scandale pour le Parquet de Grasse. Nombreux furent les magistrats qui, peu ou prou, se sentirent éclaboussés. Le Procureur Voutier nous rendit responsables, Palau et moi de cette campagne de presse. Pourtant nous n'en étions pas responsables et nous n'y pouvions rien. A partir du moment où Palau et moi nous avions rendu compte à nos divers chefs, très vite, pour tout le personnel de la brigade, c'était devenu le secret de polichinelle. En principe les informations à la presse étaient données par le secrétariat ou par le patron lui-même.

Après son arrestation, Valtouch ne perdit rien de sa belle assurance. Il comptait sur ses amis bien placés pour le tirer de ce mauvais pas. Au bout de quelques jours, ne voyant aucun secours poindre à l'horizon, il devait remettre au juge d'instruction chargé d'instruire son procès, un relevé minutieux des « petits cadeaux » distribués à droite et à gauche, vêtements de prix, repas somptueux, bijoux, etc., remis en diverses occasions et pour divers services.

Constatant avec amertume que ses anciens amis le laissaient « tomber », Valtouch promit de mettre tout le monde dans le bain, le jour de l'audience si on ne le tirait pas l'affaire.

De toutes les personnalités mises en cause, c'était surtout le Commissaire du gouvernement auprès de la Cour de justice. C'était un ami personnel du Procureur de la République. Dans son procès-verbal d'audience, Valtouch avait énuméré les très nombreux cadeaux de valeur, de toutes natures, et les avantages divers et substantiels dont il avait fait profiter ce magistrat dans l'exercice de ses fonctions.

Nombreux furent les autres magistrats qui avaient imprudemment accordé leur amitié à Valtouch et qui s'étaient fait remarquer en sa compagnie. Un juge d'instruction du Parquet, M. Senas avait préféré se récuser pour l'instruction de cette affaire, le Procureur devait lui-même, nous l'apprendre.

Même en prison, Valtouch n'abandonnait pas son rôle d'avocat. A ses compagnons de cellule il prodiguait des conseils pour leur permettre d'assurer leur défense. Il n'hésitait pas à leur dire que leurs défenseurs n'étaient que des imbéciles. Tous les détenus le tenaient en grande estime. Il passait pour un très grand avocat.

Viviane Salin devait rapidement être placée en liberté provisoire. Sa comparution devant le tribunal correctionnel de Grasse devait se dérouler le plus discrètement possible. Le ministère public fit ressortir que jusqu'à la rencontre de Valtouch, la secrétaire principale du Parquet avait été irréprochable et avait rendu d'excellents services.

Seule l'inculpation de violation de secret professionnel devait être retenu contre elle et elle ne fut condamnée qu'à quarante jours de prison et 6.000 F d'amende.

Ce n'est qu'en mai 1948 que Valtouch comparut devant le tribunal correctionnel de Grasse. Cette affaire n'aurait certainement pas fait couler autant d'encre, ni amené la foule des grands jours à cette audience si ce n'était les rebondissements que l'on pouvait en attendre.

Qu'un escroc, apatride, ait réussi à soustraire de l'argent à des familles de collaborateurs avec l'ennemi en promettant d'obtenir l'allègement de leur peine ne méritait somme toute qu'un intérêt secondaire. Seules les relations d'amitié qu'entretenait Valtouch avec certains magistrats devaient créer le climat spécial devant dominer les débats.

Au cours de cette audience, il n'y eut pas les rebondissements sensationnels que certains attendaient. Le Procureur de la République se félicita qu'aucune révélation n'ait été apportée touchant l'honorabilité de la grande famille de la justice. Ensuite il devait attaquer violemment la presse et devait ajouter : « Il n'y a pas de scandale. Les révélations n'ont pas troublé la sérénité des magistrats ». Il devait même menacer les journalistes pour certains propos tenus par eux, en cas de récidive.

L'avocat de Valtouch devait présenter la difficile défense de son client avec talent. Il devait mettre les choses au point en disant que l'amertume du ministère public venait du fait qu'il avait constaté des fuites dans les dossiers. Il devait au contraire rendre hommage à la presse dont le zèle et le désir d'informer forgeaient l'instrument nécessaire à la manifestation de la vérité.

Le tribunal condamna Valtouch au maximum de la peine,

c'est-à-dire à cinq ans de prison, dix ans d'interdiction de séjour et 100.000 F d'amende. Les avocats de la partie civile devaient obtenir des dommages et intérêts. Ceux-ci, au nombre de deux, trouvèrent que la plus grande escroquerie du prévenu était de s'être dit « avocat ». Le défenseur de l'ordre de cette profession obtint le franc symbolique.

Ainsi donc, contrairement à toute attente, en dépit de ses menaces antérieures, Valtouch ne fit aucune révélation à l'audience. A la sortie du Palais de justice, certains habitants de Grasse et d'ailleurs pensaient que si Valtouch n'avait pas « parlé » à l'audience, comme il l'avait promis, c'était parce qu'il avait dû recevoir des promesses rassurantes, telles qu'une libération conditionnelle peu après sa condamnation, par exemple.

Après cette affaire qui avait été bel et bien présentée par la presse comme un scandale pour le Parquet de Grasse, le Procureur Voutier nous manifesta à Palau et à moi-même un vif ressentiment. Il nous fit nettement sentir qu'il nous rendait responsable de la publicité qui avait été donnée à cette affaire.

Selon toute vraisemblance, l'animosité du Procureur de la République devait se manifester, par la suite, d'une façon difficilement contestable, dans une affaire qui devait faire le plus grand bruit dans la région niçoise. Si à cette époque les médias avaient eu l'importance qu'ils ont aujourd'hui avec le poids de la télévision, cette affaire aurait eu un impact beaucoup plus grand sur le plan national.

Personnellement j'avais toujours été en très bon termes avec le Procureur de la République, surtout depuis la sanglante affaire de faux policiers de Cannes. D'un seul coup c'était fini. En ce qui concernait mon ami Palau, il était déjà mal vu pour une autre affaire.

Quelques années auparavant, exactement le 3 décembre 1943, Palau et un autre inspecteur, Marcel Gaffier, avaient été chargés d'une affaire d'évasion de détenu à la maison d'arrêt de Grasse. Aimé Jean réussissait à s'évader de la prison de cette ville grâce à un billet d'écrou, portant le cachet du juge d'instruction, qui avait été établi à son nom.

Dans cette affaire le Procureur Voutier devait rejeter immédiatement la responsabilité de l'évasion sur les services pénitentiaires. L'enquête avait donc débuté à la maison d'arrêt de Grasse et elle s'y poursuivait.

Les deux policiers ne tardèrent pas a établir que la culpabilité de trois gardiens de prison était indiscutable mais, aussi, qu'il y en avait d'autres de l'extérieur de la maison d'arrêt.

Jean Aimé était un « cheval de retour » titulaire de nombreuses condamnations. Il était reléguable. Ce malfaiteur était lié à la célèbre équipe Carbone et Spirito. L'année avant il avait été arrêté en Principauté monégasque puis condamné à deux années de prison. Il s'en était évadé quelques jours plus tard grâce à la complicité d'un gardien qui n'avait pu résister devant le paquet de billets de banque qui lui avait été offert.

Pour en revenir à Grasse, le 29 novembre 1943, à la nuit tombante, on sonna à la porte de la maison d'arrêt pour remettre un billet de levée d'écrou au nom de Jean Aimé. Le porteur fut reçu par le gardien de service à la porte d'entrée. Ordinairement la remise de ces documents était faite par M. Benard, greffier du juge d'instruction. Ce soir-là ce n'était pas le cas. Le gardien commis greffier de la prison devait trouver ce bulletin de levée d'écrou sur son bureau et il en exécuta l'ordre en libérant le détenu.

Deux jours plus tard, M. Benard se rendait à la maison d'arrêt pour avertir le détenu Aimé qu'il avait à subir un prochain interrogatoire. Aimé ? lui fut-il répondu. Il a été libéré il y a deux jours. Voici son bulletin de levée d'écrou.

Pour les policiers cet ordre d'élargissement ne pouvait provenir que du cabinet d'instruction et pas d'ailleurs. Ceci amena les enquêteurs à interroger M. Benard, le greffier du juge, par procès-verbal. Son audition eut lieu dans un local de la maison d'arrêt où les policiers avaient établi leur P.C. pour mener leur enquête.

En règle générale ces bulletins de levée d'écrou étaient rédigés par le greffier du juge d'instruction et signés par un substitut du Procureur. En l'occurrence, l'écriture de M. Benard était contrefaite et la signature du substitut était mal imitée.

Au cours de l'interrogatoire il apparaissait que le comportement du greffier avait facilité l'évasion. Aux dires de mon ami Palau, les faits reconnus paraissaient susceptibles d'être retenus comme des éléments constitutifs de la complicité.

Devant la tournure prise par l'enquête, le Procureur fut informé téléphoniquement. Ce magistrat se rendit immédiatement à la maison d'arrêt, celle-ci, à Grasse étant toute proche du Palais de justice.

Ayant pris connaissance du procès-verbal que venait de signer le greffier, il se rendit compte que l'affaire touchait le Palais. Furieux le Procureur devait s'écrier :

— Mais ce n'est pas possible ! Ce n'est pas vrai ! Mais enfin Benard, défendez-vous !

Ce comportement devait attirer une sèche réplique de l'inspecteur Marcel Gaffier qui avait un caractère assez entier :

— Monsieur le Procureur ne lui demandez pas de rétracter ce qu'il a reconnu !

A la suite de cette enquête trois gardiens de la maison d'arrêt furent placés sous mandat de dépôt et écroués. De gardiens, ils étaient devenu des détenus gardés. Pour la petite histoire, l'un d'entre eux avait été nommé dans l'administration pénitentiaire sur recommandation de Bonaventure Carbone dit « Venture », une sommité dans le grand « Milieu ». Dans celui-ci on avait des relations.

Aucune infraction ne fut retenue à l'encontre du greffier

du juge d'instruction. Après cette enquête, Gaffier et Palau étaient au plus mal avec le Procureur Voutier.

Cette affaire d'évasion et celle de Vladimir Valtouch pesèrent lourdement dans les événements qui vont suivre. Palau et moi nous devions en subir les conséquences. De cela j'en suis toujours convaincu.

LE VOL DE CONCRETE DE JASMIN

Dans la nuit du 29 au 30 septembre 1946, des malfaiteurs s'introduisirent dans le laboratoire de l'usine de distillerie de fleurs Lavaura à Vallauris, neutralisant le dispositif d'alarme. Ils dérobèrent cinq bidons de concrète de jasmin, soit au total 170 kilos d'essence, stock représentant la production en cours évaluée à 30 millions de francs de l'époque.

Ce produit est un extrait de fleurs de jasmin très concentré ayant l'aspect d'une graisse consistante de couleur jaunâtre. Cette marchandise valait excessivement cher au kilo.

Le plaignant, M. Lavaura, n'était couvert par aucune assurance. C'est en vertu d'une commission rogatoire de M. Senas que Palau et moi-même devions être chargés de l'enquête par M. Baldettini, notre chef de brigade.

Il nous apparaissait tout de suite que les malfaiteurs avaient agi avec une parfaite connaissance des lieux et des habitudes de l'industriel. La neutralisation du dispositif d'alarme : section des fils téléphoniques reliant l'appartement privé du directeur de l'usine au bureau de poste de Vallauris, absence d'effraction, etc.

Bien que n'ayant aucun soupçon, le plaignant était persuadé

de la complicité d'un ou de plusieurs de ses employés.

Chaque membre du personnel était éliminé après interrogatoire et vérification de son emploi du temps durant les 48 heures ayant précédé le vol. Des perquisitions furent effectuées notamment au domicile du gardien de nuit et chez les ouvriers de service s'occupant de la distillerie le dimanche 29 septembre.

Chaque ramasseur de fleurs de jasmin desservant l'usine était également soumis à un examen de situation. Partant des établissements Lavaura, l'enquête devait s'étendre au milieu douteux de Vallauris.

Aucune collusion entre les individus suspects de la localité et le personnel de la distillerie ne pouvait être décelée.

Les meilleurs renseignements furent recueillis sur les ouvriers de la société ayant procédé à l'installation du dispositif de sûreté.

Faute d'éléments, il s'avérait de plus en plus que l'identification des malfaiteurs était étroitement subordonnée aux difficultés que les voleurs ne manqueraient pas de rencontrer lors de l'écoulement de la concrète de jasmin. Seuls les parfumeurs en gros étaient susceptibles d'être intéressés par ce produit.

Nous pensions que trois voies étaient à envisager :

1. - Le marché de la place de Grasse et ses environs.
2. - Le marché italien, après franchissement clandestin de la frontière.
3. - L'exportation en Amérique par Marseille ou par Gènes.

En relation constante avec les parfumeurs de Grasse et de Paris, pour la plupart exportateurs vers l'Amérique, M. Lavaura était sûr d'être avisé de la moindre offre de concrète présentant des similitudes de fabrication.

Pour sa proximité, le marché italien surtout, pouvait tenter les trafiquants. Le passage frauduleux de la frontière par voie de terre ou de mer était dans le domaine du possible. De plus, l'existence d'importantes distilleries d'essence de jasmin dans le sud de l'Italie pouvait prêter à confusion sur la provenance des produits écoulés dans les grands centres tels que Milan, Gènes, Messine, etc.

Vers la mi-octobre, nous prenions contact avec la police italienne de Vintimille en vue de conjuguer nos efforts et d'étendre notre réseau d'information. Nous étions surtout en rapport avec M. Develli, commissaire à la « Publica Sicurezza dei Confini » de Vintimille.

De sa propre initiative M. Lavaura, dont l'unique souci était de récupérer le stock de concrète, autorisait M. Develli à divulguer officiellement par tous les moyens appropriés : radio diffusion, etc., la promesse d'une prime d'un million de lires à quiconque fournirait des indications susceptibles d'amener la découverte de la marchandise.

Je dois dire que le plaignant avait déjà fait part à son entourage de promesses identiques pour la France. Ces promesses démesurément grossies par la presse, ne pouvaient que stimuler les informateurs éventuels.

Désormais, cette affaire, aux yeux du public, était entièrement liée à l'octroi de plusieurs millions généreusement offerts par le plaignant en cas de réussite.

Cette publicité ne devait pas tarder à susciter des renseignements que nous devions vérifier minutieusement.

Plusieurs pistes devaient nous entraîner dans de laborieuses investigations, sans résultat positif. En octobre, les recherches piétinaient.

Nous en étions réduits à nous occuper d'autres enquêtes dans l'attente d'un élément qui nous permettrait de « raccrocher ».

Il ne faisait pas de doute pour nous que nous nous trouvions en présence d'une bande de malfaiteurs avertis qui n'attendaient que le classement de l'enquête pour sortir la marchandise, un semblant de pause nous apparaissait même nécessaire.

Début novembre, M. Develli nous adressa deux Italiens affirmant que courant août et lors d'un séjour clandestin à Nice, ils avaient été en contact avec un groupe de contrebandiers français. Ceux-ci leur avaient laissé entendre à l'époque, qu'ils préparaient un vol important de parfum dans la région de Grasse. Ils se proposaient à rechercher leurs traces, n'exigeant pour ce faire que l'avance de leurs frais de déplacements. Le plaignant contacté par nous, se prêta à cette expérience.

Les contrebandiers en question fréquentaient, aux dires des deux italiens, le « Bar du Coin », rue Vieille à Nice. Ces derniers purent reprendre le contact et apprirent qu'une grosse affaire de parfum avait bien été traitée par eux mais, qu'effrayés par les recherches actives encore en cours, ils n'avaient pas cherché à écouler la marchandise qui se trouvait entreposée dans un cabanon aux environs de Cannes.

Pressentis par les deux italiens pour en écouler la marchandise en Italie, par leur entremise. Ils devaient se dérober et couper les ponts.

Nos italiens ne parvenaient pas à identifier les membres de la bande néanmoins, ils apprenaient que deux hommes de celle-ci se faisaient appeler « Gé et Michel ». S'étant rendu compte qu'ils avaient perdu la confiance de ces personnages doûteux, les transalpins abandonnèrent leurs recherches.

Courant décembre, nous apprenions que la Sûreté de Nice s'intéressait aussi à l'affaire Lavaura. M. Dausic, le chef de service nous informa qu'il était en possession d'indications émanant de la personne même qui avait fourni le véhicule utilisé par les malfaiteurs pour ce vol.

Désormais, l'enquête allait être poursuivie de concert avec son service.

Fin janvier, M. Dausic nous communiqua par le détail les

renseignements qu'il détenait. La veille du vol, le nommé Jules Gasperini, son informateur, recevait la visite, au bar « Les Flots » à Nice de Eugène Gastani qui lui présenta un certain Joseph Giacomini dit « Gé ». Celui-ci lui demandait sa voiture prétendant devoir se rendre dans la nuit à Lyon. Gasperini accepta.

Le lendemain matin il fut surpris de voir apparaître Giacomoni qui ramenait son véhicule dont le compteur n'indiquait qu'un faible parcours. Embarrassé, Giacomoni devait lui déclarer qu'il ne s'était rendu que dans les environs de Grasse pour y traiter une affaire de dernière heure.

Vingt-quatre heures après, Caspérini apprenait par la presse qu'un vol important de parfum avait été commis à Vallauris. Il se souvint alors avoir remarqué que sa voiture restituée par « Gé » était imprégnée d'une odeur tenace de jasmin. Après avoir fait le rapprochement, il devait joindre « Gé » dans un bar de la rue Arson. Celui-ci reconnu avoir participé au vol de la concrète et lui promit la somme de 500.000 F dont 100.000 F devaient revenir à Gastani.

Par la suite Giacomoni ne tint pas sa promesse sous prétexte que lui et ses complices éprouvaient de grosses difficultés pour écouler la marchandise.

Gasperini devait le relancer à diverses reprises et il parvint à apprendre que deux des membres de la bande demeuraient à Cannes.

L'un se nommait Gigaut Philippe et l'autre Saravelli Léon.

Vers le 15 janvier, Castani remettait à Gasperini de la part de Giacomoni une somme de 60.000 F provenant de la liquidation de 10 kilos de concrète à Marseille par Philippe Gigaut, Gasparini abandonna alors 10.000 F à Gastani.

Dès lors, Giocomoni disparaissait de la circulation et Gasperini devait porter ses recherches à Cannes.

Le 26 janvier, l'indicateur informait M. Dausic qu'un certain

« Manu » détenait dans un cabanon de l'Aubarette près de Cannes, un stock d'essence de parfum. Ce « Manu » était en contact avec Gigaut. Dans son esprit, il ne faisait aucun doute qu'il s'agissait des 170 kilos de concrète.

Dans la nuit du même jour, M. Dausic se rendait en compagnie de Gasperini au cabanon en question dont il connaissait l'emplacement. La marchandise avait disparu mais le local était imprégné de parfum.

Le lendemain, l'indicateur apprenait que « Manu » avait déplacé la marchandise dans un autre garage de la région, sans autre indication.

L'informateur avait précisé que Castani n'avait été mêlé à cette affaire de concrète de jasmin que d'une façon tout à fait fortuite. Il n'avait fait que servir d'intermédiaire entre « Gé » et lui-même pour l'utilisation de son véhicule. Il était certain qu'il n'avait pas participé au coup, qu'à part « Gé » il ne devait connaître aucun exécutant et, enfin, qu'il n'avait pas de contact avec le « Milieu » de Cannes.

Le déplacement du stock pouvait laisser supposer que les malfaiteurs étaient sur le point de l'écouler. Il était alors décidé qu'une vaste opération serait effectuée dans les 48 heures, simultanément à Nice et à Cannes.

Les renseignements d'archives étaient recueillis sur les nommés Giacomoni, Gigaut et Castani, tous étaient connus comme malfaiteurs notoires. Leur domicile respectif était relevé.

Saravelli Léon avait été appréhendé quelques jours avant par la Sûreté de Cannes pour vol de tissus et il se trouvait déjà à la maison d'arrêt de Grasse. Nous n'avions pas à nous en occuper pour l'instant.

Quant à « Manu », il était identifié comme étant Baranigo Noël demeurant à Cannes.

En fin de journée Gasperini parvenait à apprendre que « Manu » avait déménagé le cabanon de l'Ambarette avec l'aide d'un certain Vaunan qui serait détenteur de la marchandise.

Des équipes étaient constituées, l'une pour procéder à l'arrestation de Giacomoni, une autre pour l'arrestation de Gigaut Augustin, une autre encore pour celle de Castani.

Palau, moi-même et un fonctionnaire de la Sûreté de Nice nous nous réservions Baranigo Noël et Marc Vaunan.

Le lendemain 1er février 1947, Baranigo était appréhendé à 9 heures à son domicile, il était laissé en garde à vue momentanément au commissariat à Cannes.

Nous parvenions à joindre Vaunan vers 12 h 30 au quartier du Cimetière, à Cannes. Prié de nous suivre pour examen de situation, il ne devait faire aucune difficulté pour venir avec nous à Nice. Notre intention était de conduire Vaunan à la brigade pour l'interroger. Nous pensions à première vue qu'il nous faudrait perdre pas mal de temps avant que cet individu nous indique où était recelée la marchandise volée.

Peu après la sortie de Cannes, j'étais assis devant, à côté du chauffeur, à tout hasard, je me retournais et m'adressant à Vaunan je lui dit :

— Nous savons que Baranigo Noël vous a confié, en gardiennage, une certaine marchandise. Il y a de fortes chances pour que vous n'en connaissiez pas la provenance mais elle nous intéresse.

Contre toute attente et à notre grande surprise à tous, Vaunan saisit la perche que je venais de lui tendre et il reconnut le fait spontanément.

— C'est exact ! Baranigo Noël m'a demandé de lui garder durant quelques jours un stock de produits de parfumerie. Pour lui faire plaisir, j'ai entreposé cette marchandise dans le garage de ma maîtresse à Mouans-Sartou, entre Cannes et Grasse. Je n'en connais pas la provenance et je peut vous y conduire sur le champ.

C'est en jubilant intérieurement que je demandais au chauffeur de s'arrêter et de faire demi-tour en direction de Mouans-Sartou. Alors que nous pensions tous que Vaunan ne se mettrait « à table » qu'après un long interrogatoire dans nos locaux à Nice, voilà qu'il venait de reconnaître les faits et qu'il nous conduisait vers la marchandise volée.

En arrivant dans la localité en question, Vaunan nous conduisit dans un garage particulier dans lequel se trouvait un lot très important de produits de parfumerie et un gros tas d'effets provenant de l'armée américaine. Contrairement à ce que nous supposions nous ne nous trouvions pas en présence de la concrète de jasmin mais, vraisemblablement devant un butin très important en provenance d'autres vols. Notre chef était aussitôt avisé téléphoniquement. Il nous demandait de l'attendre sur place. Il devait nous rejoindre en début d'après-midi avec une fourgonnette de police.

Pendant que l'inspecteur de la Sûreté et Palau restaient sur place devant le garage, le chauffeur et moi, nous en avons profité pour aller déjeuner en vitesse avant de venir les remplacer.

Nous devions amener Vaunan avec nous dans un petit restaurant de la place de la Mairie. Comme trois copains nous avons « cassé la croûte » ensemble après que j'eusse offert l'apéritif.

Tout en mangeant Vaunan, très inquiet, nous disait avoir peur d'être puni lourdement. Il ne se défendait plus d'avoir eu connaissance de l'origine frauduleuse de la marchandise qu'il avait recelé. De plus il nous avouait que le transfert de celle-ci du cabanon de l'Aubarède au garage de sa maîtresse avait été effectué par peur de la police. Il me faisait presque pitié et je lui garantissais le sursis compte tenu qu'il nous avait aidé et fait gagner du temps en nous faisant connaître, spontanément, l'endroit où avait été caché la marchandise volée. D'après ce que nous savions il ne pouvait être poursuivi que pour recel. De plus il n'avait jamais été condamné.

A 15 heures, M. Baldetini arrivait en voiture, suivi par une camionnette de police. Les marchandises volées devaient être embarquées en vue de leur acheminement sur le service.

A Mouans-Sartou, Vaunan, très coopératif, venait de mettre en cause les trois autres frères de Baranigo Noël. D'après lui, deux demeuraient à Peyménade, près de Grasse, l'autre dans cette dernière ville.

Sur les indications de Vaunan nous partîmes tous avec deux voitures pour Peyménade. Conduits par Vaunan, qui connaissait les lieux nous devions appréhender deux autres frères Baranigo et effectuer une perquisition à leur domicile. Le résultat était infructueux. De même suite nous poursuivions notre randonnée sur Grasse où nous devions appréhender le quatrième frère. Il n'était pas chez lui et il fallait « planquer » pour l'attendre. Palau et moi nous décidâmes de rester sur place avec une voiture. Le « patron », M. Baldetini rentrait à Nice avec la sienne et l'inspecteur de la Sûreté niçoise. Il emmenait avec lui, enchaînés, Baranigo Noël, arrêté à Cannes, ses deux frères arrêtés à Peyménade et Vaunan.

Palau et moi nous devions rentrer à Nice vers 23 heures après avoir appréhendé le quatrième frère Baranigo. Sur les trois équipes qui étaient chargées des arrestations de Giacomini, Gigaut et Castani, deux étaient revenues bredouilles. Seul Castani Eugène avait été appréhendé.

Le lendemain matin Baranigo Noël était interrogé. Après la découverte de la marchandise à Mouans-Sartou et les aveux de Vaunan, il devait reconnaître, d'une part, sa participation avec ses frères, à l'attaque dans l'Estérel, fin septembre 1946, d'un camion chargé de produits de parfumerie en provenance de l'usine Fouillars de Grasse. Les auteurs principaux de cette agression étant bien les nommés Saravelli Léon et Gigaut Philippe. D'autre part, il reconnaissait avoir effectué, avec ses frères, quelques jours auparavant, un cambriolage au préjudice de l'Office des Sinistrés et anciens combattants du Var à Draguignan. Les trois autres frères devaient confirmer par procès-verbal. Vaunan devait également être entendu aux formes de droit. Il devait confirmer en tous points ses aveux faits spontanément et verbalement la veille, en voiture d'abord, pour les compléter, tout en déjeunant avec nous dans le petit restaurant de Mouans-Sartou.

Devant l'importance et l'actualité de cette nouvelle affaire à laquelle nous ne nous attendions pas, le vol de concrète de jasmin passait au second plan.

M. Dausic devait en convenir. Gigaut et Giacomoni étaient désormais en fuite. Nous discutions pour savoir si nous devions relâcher Castani Eugène. Nous savions par l'informateur que celui-ci n'avait joué qu'un rôle très modeste dans l'affaire de concrète de jasmin. Finalement nous devions décider de le déférer au Parquet de Grasse, en même temps que Vaunan et les quatre frères Baranigo, afin de limiter les risques de fuites.

Nous devions donc entendre Castani par procès-verbal. Après qu'il se soit entendu révélé dans les moindres détails le rôle d'intermédiaire qu'il avait joué entre Giacomoni et Gasparini et les tractations ayant existées par la suite entre les trois hommes, il devait comprendre qu'il avait été « donné ». Sans hésitation il devait confirmer les renseignements fournis par l'informateur. Dans son for intérieur Castani pensait que par la suite sa réputation d' « homme » resterait intacte. Il n'avait absolument rien dit de plus que ce que les policiers savaient déjà. On l'avait bassement « balancé » et il comprenait que le « donneur » ne pouvait être que Gasparini.

Naturellement, l'informateur, tenu au courant du déroulement des opérations par des éléments du service de la Sûreté, avait très bien compris que si l'on ne faisait rien pour lui il allait porter le « chapeau » et qu'il serait désigné dans le « Milieu » pour être une « balance ». Cela il voulait l'éviter et il voulait que l'on fasse quelque chose pour lui dans ce sens. Il demanda à être officieusement confronté avec Castani afin de se composer une attitude favorable pour le « Milieu » en niant les faits révélés par ce dernier en ce qui le concernait lui, personnellement.

Bien sûr c'est un devoir pour les policiers de protéger le plus possible leurs indicateurs afin de leur éviter les pires représailles. Entre la protection d'un de ceux-ci et celle d'un malfaiteur, dans une affaire qui a été « donnée », l'avantage doit aller à « l'indic » qui, en quelque sorte, devient un auxiliaire de la police et contribue, en la circonstance, à la défense des honnêtes gens même s'il est lui-même une fripouille.

Palau et moi nous n'étions pas chauds pour accepter cette mise en scène et pour plusieurs raisons. D'abord cet « indic » n'était pas le nôtre, c'était celui de la Sûreté niçoise. Ensuite nous n'avions aucune sympathie particulière pour lui. D'abord parce que même si nous devions parfois nous servir d'informateurs nous n'aimions pas les indicateurs truands. Je peux même dire qu'ils nous dégoûtaient. Nous savions très bien que si celui-là avait accepté de « donner » à la police, dans cette affaire, ce n'était pas parce qu'il éprouvait des sentiments de probité respectables. C'était parce qu'il y avait « à la clé » une très forte prime offerte par le plaignant pour celui qui permettrait la découverte de la marchandise volée. En conséquence nous estimions que pour l'appât du gain il avait accepté de prendre des risques en connaissance de cause et que de ce fait il n'avait qu'à les assumer. Enfin cette confrontation officieuse, en marge de la procédure légale ne nous plaisait pas. Toutefois les « patrons » étaient d'accord pour qu'elle se fasse et nous nous sommes exécutés.

Donc, conformément aux désirs de l'indicateur, celui-ci a

été mis en présence de Castani, emmenotté et avec les vêtements en désordre. Il devait nier farouchement avoir remis de l'argent à ce dernier. Il prétendait même ne pas le connaître. Son attitude lui laissait clairement entendre qu'il avait eu tort de « parler ». Naturellement Castani paru touché et désorienté par cette mise en scène. Il réalisa qu'il risquait de passer, dans son « milieu » pour un homme qui « parlait » facilement à la police et que de ce fait il pouvait perdre la face et sa réputation parmi les petits truands niçois.

Palau et moi nous n'étions pas du tout contents d'avoir dû procéder à cette petite comédie. Personnellement je présageais que cela pourrait se retourner contre nous. Le présage devait se réaliser. A partir du moment où il a vu que Gasperini se défendait et se défendrait toujours d'avoir « parlé », et qu'au contraire il l'accuserait, lui Castani, de s'être dégonflé comme une « lavette » devant les policiers, il ne lui restait plus qu'une solution pour conserver sa réputation d'« homme ». Il fallait qu'il joue les martyrs. Par la suite il devait faire courir le bruit qu'il n'avait parlé qu'après trois heures de pendaison par les pieds avec immersion de la tête dans l'eau.

Je voudrais, ici, ouvrir une petite parenthèse. Le nom de l'indicateur qui figure sur ce texte est fictif. Néanmoins, les précisions données ci-dessus, permettent son identification dans le « Milieu ». Si je me suis permis de les donner, c'est parce que, on le verra par la suite, des événements ont mis mes chefs dans l'obligation de révéler son identité au Parquet de Grasse, dans un rapport officiel. Celui-ci ayant été annexé à la procédure de la présente affaire, tous les avocats des co-inculpés ont pu en prendre connaissance. De ce fait, il ne fait pas de doute que le « Milieu » niçois connaît depuis longtemps le véritable nom de l'indicateur de cette affaire et le comportement qu'il a eu. J'en ai eu la preuve par la suite.

Si cette divulgation au Parquet de Grasse n'avait pas été

faite, même après plus de quarante ans, je me serais abstenu de donner ces précisions. Si le « Milieu » a ses lois, la police judiciaire a certains devoirs et règles à respecter.

Les arrestations avaient été opérées le 1er février. A cette époque la réglementation sur la durée des gardes à vue n'était pas ce qu'elle est actuellement. Cette durée était élastique et elle se faisait toujours en accord avec les Parquets. Dans cette affaire nous avions six individus sur les bras et pas mal d'opérations à effectuer. Comme nous nous trouvions en présence de trois affaires différentes (vol de la concrète, attaque du camion de parfums par de faux gendarmes et cambriolage des locaux de la Croix Rouge de Draguignan), il nous fallait établir trois procédures différentes.

En travaillant presque jour et nuit, nous étions prêts, en accord avec le Parquet de Grasse, pour déférer nos individus le 4 au soir. Le Parquet n'avait pas accepté de présentations séparées. Au dernier moment, par téléphone, le Parquet de Grasse nous demandait de les lui présenter que dans la matinée du lendemain, 5 février.

Ce matin-là donc, nos six hommes étaient présentés au Procureur Voutier d'abord et ensuite au juge d'instruction, M. Senas. Certains de ces malfaiteurs firent l'objet d'un simple procès-verbal d'identité tandis que d'autres demandaient à être entendus sur le fond en dehors de la présence de leur avocat. Tous, sans exception, reconnaissaient avoir dit la vérité aux policiers. Certains, dont Vaunan allaient jusqu'à manifester des regrets. En présence de ces deux magistrats aucun malfaiteur n'a éprouvé le besoin de se plaindre de sévices quelconques. Encore moins ont-ils fait état de traces ou de marques qui auraient pu être consécutives à des sévices.

Castani ne devait donc formuler aucune plainte ni au Procureur de la République ni au juge d'instruction. Il lui aurait été difficile, quatre jours après son arrestation seulement, de parler de pendaison par les pieds. Il savait bien qu'il était incapable de montrer des traces de liens à ses chevilles. Son intention était simplement d'en répandre le bruit, de bouche à oreilles, parmi les co-détenus ayant été arrêtés le même jour que lui.

Cette histoire de pendaison par les pieds n'aurait certainement jamais été plus loin si, malheureusement, le décès de Castani ne s'était produit un mois après son arrestation, à la maison d'arrêt de Grasse. A partir de ce moment seulement, ce fut la grande exploitation de l'événement et la grande offensive contre les deux policiers qui menaient l'enquête.

Ces six malfaiteurs étant en prison, Palau et moi nous nous employâmes à fond pour rechercher Gigaut Philippe et Giacomoni Joseph dit « Gé », qui avaient été inculpés, de même que Saravelli Léon, surnommé « Léon le dur ». Ce dernier nous n'avions pas à le rechercher puisqu'il était détenu à la maison d'arrêt de Grasse. Il avait été arrêté peu de jours avant le déclenchement de nos opérations pour avoir dérobé, au cours d'un cambriolage, des coupons de tissus chez un grossiste. Seul le juge d'instruction pouvait l'interroger sur les affaires qui nous intéressaient.

La culpabilité de Giocomoni dans l'affaire de la concrète était bien établie par la déclaration de Castani. Par contre la participation à ce vol de Gigaut et de Saravelli ne reposait que sur les dires de l'informateur, c'est-à-dire sur pas grand chose, tandis que la culpabilité de ces deux malfaiteurs dans l'attaque du camion chargé de produits de parfumerie était bien établie.

Saravelli dit « Léon le dur » était un récidiviste dangereux. C'est lui qui avait dirigé cette agression de grand chemins, pourrait-on dire. Le rapt de ce camion avait été organisé à la perfection. Dès le départ de l'usine, à Grasse, il était pris en filature par plusieurs individus répartis dans deux voitures. A un certain moment la première voiture doubla le camion de l'usine Fouillard. Lorsqu'elle arriva à un lieu convenu, dans l'Estérel, Saravelli et un co-auteur se placèrent sur le bas-côté de la route après avoir revêtu des uniformes de gendarmes volés. La deuxième voiture arriva sur les lieux du guet-apens en même temps que le camion. Celui-ci était arrêté par les faux gendarmes et le chauffeur s'est vu braquer des revolvers sous le nez avant d'avoir la tête serrée dans un sac. Aussitôt après les malfaiteurs s'emparèrent du camion qui était chargé de plusieurs tonnes d'essences rares et d'anéthol. Un transfert du chargement aurait été opéré quelques kilomètres plus loin sur un autre camion. Le véhicule volé devait être retrouvé vide à La Roquette-sur-Siagne.

Cette agression à main armée avait eu lieu en octobre 1946. Ayant été commise dans le département du Var, c'est la 9ᵉ brigade mobile à Marseille qui avait été chargée de l'enquête. Au moment de l'arrestation des quatre frères Baranigo, les investigations des premiers enquêteurs n'avaient encore donné aucun résultat.

Tout en essayant de retrouver la trace de Gigaut et de Giacomoni nous ne perdions pas de vue qu'il nous fallait aussi identifier le complice qui, vraisemblablement, avait indiqué « le beau coup à faire » à Giacomoni et à son équipe.

Nous étions parvenus à identifier un ouvrier distillateur de l'usine Lavaura qui avait écoulé de petites quantités de concrète de jasmin quelque temps auparavant. Il avait été longuement interrogé, au début de notre enquête, mais nous n'avions alors rien découvert de solide à son encontre. Il devait reconnaître avoir prélevé de petites quantités de concrète, jour après jour, mais être totalement étranger au vol important des 170 kilos. Ses déclarations avaient été pleines de contradictions et nous nous attachions è établir l'existence de liens entre lui et la bande Giacomoni. Malheureusement cette phase de l'enquête devait soudainement être interrompue par le déclenchement d'événements qui devaient nous faire abandonner, définitivement, toutes recherches sur cette affaire.

EPREUVE DE FORCE ENTRE LA JUSTICE ET LA POLICE

AGITATION ET GROS EMOI DANS L'OPINION PUBLIQUE

Le 28 février 1947, Castani Eugène qui était détenu depuis vingt-trois jours à la maison d'arrêt de Grasse, était transporté d'urgence à l'hôpital où il devait décéder à 23 heures. Le lendemain, sa famille représentée par son frère Castani Léon faisait état de déclarations de co-détenus selon lesquelles son frère aurait été victime de sévices dans les locaux de police. Il déposait une plainte entre les mains du Procureur de la République pour violences volontaires ayant entraîné la mort.

Partout, du Palais de justice de Grasse, le bruit se répandait à Nice que Castani était mort des suites des sévices exercés sur sa personne par les policiers de la 18e brigade mobile ayant opéré l'arrestation. Cette accusation était diffusée de toutes parts. On donnait des détails. On disait partout qu'il avait été pendu par les pieds avec immersion de la tête dans une bassine d'eau. Le décès de Castani avait été un trait de lumière pour les malfaiteurs mis en cause dans cette affaire, ceux qui étaient détenus comme ceux qui étaient encore en fuite. Il devait être exploité à fond. En faisant croire que Castani était mort à la suite de sévices de la part des policiers, ils cherchaient à réduire à néant la mise en cause de Giacomoni. De plus, ceux qui étaient détenus à la maison d'arrêt de Grasse avaient ainsi la possibilité de se venger des deux policiers qui les avaient identifiés ou arrêtés et de les stopper dans la continuation de leurs recherches.

Une cabale fut donc montée. Elle devait agiter la famille de Eugène Castani. Dès le début de l'entrevue avec le frère du défunt, le Procureur Voutier faisait ouvrir une information et décida de faire pratiquer une autopsie.

En principe, les magistrats du Parquet de Grasse auraient dû commettre un ou deux médecins légistes, experts attitrés auprès des tribunaux, spécialisés dans la médecine légale, et ayant une grande expérience en matière d'autopsies. Au lieu de cela, on se contenta de désigner un chirurgien et un généraliste exerçant, tous deux, à Grasse, bien connus et même amis du Procureur de la République. De plus, il fut demandé à ces deux praticiens d'entendre les membres de la famille de Castani ainsi qu'à la maison d'arrêt, les co-détenus arrêtés en même temps que lui. Naturellement tout cela avant même de pratiquer l'autopsie. Il était difficile de conditionner davantage ces deux médecins qui, au préalable, avait eu un entretien avec le Procureur de la République.

Après avoir disséqué le cadavre de Castani, les deux praticiens devaient établir un rapport absolument accablant pour les policiers. Ce n'est que beaucoup plus tard que j'ai pu prendre connaissance de ce document (rigoureusement exact, mis à part les noms propres).

Au début de ce rapport, les deux médecins faisaient état du fait que préalablement à l'autopsie, ils avaient interrogé les membres de la famille, lesquels avaient affirmé que Castani était en excellente santé. Ensuite ils s'étaient rendus à la maison d'arrêt pour y entendre les co-détenus du défunt qui n'avaient pas manqué d'affirmer que Castani avait été pendu par les pieds et que sa tête avait été placée dans une bassine d'eau.

A la fin de ce rapport il était mentionné ce qui suit :

Résumé :

En résumé, Castani ne présente les stigmates d'aucune maladie grave chronique. Son autopsie a simplement révélé :

1° Des vésicules d'emphysème pulmonaire.

2° Une hémorragie cérébrale diffuse généralisée.

Discussion :

Ces constatations nous permettent de déclarer que le décès de Castani n'était pas dû à des causes naturelles mais bien à une hémorragie méningée considérable, très vraisemblablement causée par les traumatismes et les sévices qu'il a subi.

En effet, l'examen de tous les organes de Castani montre qu'il s'agissait d'un individu en *parfaite santé.*

Il est donc très vraisemblable que l'hémorragie et la véritable inondation ventriculaire qui ont causé sa mort, sont à rattacher aux sévices et, en particulier, à la suspension la tête en bas, à l'immersion qu'il a subi et qui ont fragilisé au maximum les vaisseaux cérébraux entraînant, par la suite, leur rupture et la mort.

Conclusion :

A notre avis, la mort de Castani est due à une hémorragie intracrânienne non naturelle, très vraisemblablement secondaire aux sévices qu'il a subis.

Fait à Grasse, le 5 mars 1947.

RAVEZ - DENOUL.

Je dois dire que la teneur de ce rapport avait largement transpiré. On peut dire que, dans ses grandes lignes, le tout Nice en avait eu connaissance. En outre, grâce à l'entourage du frère de Castani, par le petit « Milieu » niçois et certains journalistes, mon ami Palau et moi nous avons pu connaître des détails très importants.

Naturellement, à la brigade, nous devions être choqués par certaines anomalies. Tout d'abord, pourquoi le Procureur de la République, ou le juge d'instruction, sous son autorité, n'avait-il pas commis deux médecins légistes experts auprès des tribunaux, comme cela se fait toujours ? En outre, le fait d'avoir désigné un chirurgien et un médecin généraliste de Grasse, certainement bien connu du Procureur, nous apparaissait une décision étrange. Le Procureur de la République se doutait bien que les deux praticiens désignés n'étaient pas très qualifiés pour pratiquer cette autopsie. Il ne pouvait ignorer que, très certainement, ces deux médecins n'en avaient peut-être jamais pratiqué de toute leur carrière. Probablement, ils avaient été initiés à ce genre d'opération lorsqu'ils étaient étudiants, à la faculté de médecine, en présence de leur professeur.

Bien sûr, cela le Procureur ne l'ignorait pas mais il devait savoir aussi que ces deux médecins, connus de lui, seraient plus aptes que les médecins légistes, en titre, pour se laisser convaincre que Castani était bien mort à la suite de sévices et pour se conformer aux instructions de ce magistrat.

Nous devions trouver étrange, aussi, le fait d'avoir demandé à ces médecins d'interroger les membres de la famille avant de pratiquer l'autopsie, sur l'état de santé antérieur de Castani. Ce magistrat n'ignorait pas que cela ne pouvait que les influencer. D'avance, il savait que les médecins noteraient que Castani était un homme en très bonne santé.

Enfin, ce qui devait le plus nous choquer a été le fait que le Procureur avait ordonné aux deux médecins de se rendre à la maison d'arrêt avant de pratiquer l'autopsie, pour y entendre les co-détenus de Castani, arrêtés et déférés en même temps que lui. Pour nous, cela était tout à fait anormal. Cela n'était pas le rôle des médecins. Leur rôle devant se borner à examiner le corps, à le disséquer et à relever tous les éléments susceptibles de définir ce qui avait pu provoquer le décès.

Le Procureur n'ignorait pas que tous ces malfaiteurs allaient confirmer ce qui, pour ce magistrat, paraissait être une certitude. Comme un seul homme, ces détenus ne pouvaient que raconter, avec force détails et, peut-être avec une émotion simulée, que Castani avait bien été pendu par les pieds avec immersion de la tête dans une bassine d'eau.

Après cette mise en condition, comment se sont comporté ces deux médecins durant l'autopsie? Ils n'ont relevé aucun élément susceptible de faire conclure à une mort non naturelle. Pire, ils n'ont rien relevé de ce qui, de près ou de loin, pouvait se rattacher à des sévices et encore moins à une pendaison par les pieds avec immersion de la tête dans l'eau d'une bassine. Pourtant, ils ont conclu qu'il y avait eu torture comme s'ils y avaient assisté.

Le moins que l'on puisse dire c'est que ce rapport d'autopsie ressemblait fort à un rapport de complaisance. Ces deux médecins avaient peut-être l'excuse d'avoir été beaucoup trop conditionnés et de s'être laissé prendre, de bonne foi peut-être, à l'autorité d'un magistrat et à la comédie des témoins entendus à la maison d'arrêt. D'ailleurs, les événements qui ont suivi devaient confirmer que, dans les constatations de ces deux médecins, absolument aucun élément ne les autorisait à parler de sévices et encore moins de pendaison par les pieds. De plus, ces événements devaient démontrer que ces deux praticiens avaient agi avec légéreté et même avec incompétence professionnelle.

Nous, policiers, nous avions appris, bien officieusement, que l'examen des chevilles de Castani ne figurait pas sur le rapport d'autopsie. Toute cette affaire étant axée sur une pendaison par les pieds, cet examen était impératif. Un simple étudiant en médecine et même un collégien de troisième aurait compris que lorsque l'on veut se rendre compte qu'un individu est mort à la suite d'une pendaison par les pieds, la première chose qui s'impose c'est l'examen des chevilles.

L'omission de cet examen représente une très grosse faute. Toutefois, il existe une deuxième hypothèse. Ces deux médecins ont peut-être bien procédé à cet examen mais n'ayant trouvé aucune trace de lien ils ont pu se taire, volontairement et ne pas en parler dans leur rapport.

Dans ce cas la chose serait beaucoup plus grave. Il ne faudrait plus parler de complaisance mais de complicité dans une machination dont on peut deviner l'objectif. Evidemment, mentionner dans le rapport d'autopsie que l'on ne peut relever aucune trace suspecte sur les chevilles du cadavre équivalait à rendre l'accusation de la pendaison par les pieds peu vraisemblable.

Personne ne peut nier que des traces laissées par des liens sur des chevilles, dans une affaire comme celle-là sont d'une importance capitale. Trois heures de pendaison par les pieds, pour un homme à qui l'on fait tremper la tête dans l'eau d'une bassine, par intermittence, afin d'éviter l'asphyxie, cela doit marquer. L'homme doit hurler, gesticuler et se débattre avec frénésie. Il est difficile d'admettre que, seulement une vingtaine de jours après un pareil traitement l'homme qui l'a subi, ne présente pas la moindre rougeur sur ses chevilles.

De ces deux hypothèses, naturellement, une seule est à retenir. Toutefois, même si c'est la première, on doit considérer qu'une faute lourde a été commise.

La plainte du frère de Castani était accompagnée d'une constitution de partie civile. Un avocat était pris. Aussitôt après le décès de ce malfaiteur une campagne de presse était déclenchée. Une quête était faite dans tous les bars louches et mal famés de Nice. Elle devait rapporter une somme de 700.000 F aux amis de Castani, ce qui leur permit d'employer de sérieux moyens d'action. Des mots d'ordre furent donnés aux autres co-détenus de la maison d'arrêt de Grasse. Ceux-ci devaient rétracter tout ou partie de leurs aveux et invoquer, à leur tour, toutes sortes de sévices.

Notre chef de service ne savait du résultat de cette autopsie que ce que Palau et moi nous avions appris par la bande. Naturellement il tenait à connaître le résultat officiel puisqu'il savait que ses hommes étaient visés. Il se rendit donc à Grasse pour être reçu par le Procureur de la République. En ce qui concernait le résultat de l'autopsie, ce magistrat lui dit :

— Tout ce que je peux vous dire c'est que c'est mauvais ! Très mauvais pour les policiers !

Le commissaire principal Baldetini était certain que ses hommes n'étaient pour rien dans le décès de Castani. En effet, il avait personnellement assisté à l'interrogatoire du sus-nommé. Celui-ci consistait, tout simplement, à faire confirmer par procès-verbal, tout ce que les policiers avaient appris et précisé avec détails à l'appui, à Castani, sur sa petite participation dans la préparation de cette affaire de vol de concrète de jasmin. C'était un travail de débutant pour ne pas dire un jeu d'enfant, pour des professionnels, que d'obtenir cette confirmation. Du fait que les policiers savaient tout de A à Z sur sa participation, Castani était obligé de comprendre qu'il avait été « donné » et qui l'avait « balancé ». D'autre part, sa complicité dans cette affaire étant très légère, il tombait sous le bon sens que n'importe quel individu de bonne foi et d'intelligence moyenne, devait admettre qu'il était impensable, dans un cas aussi insignifiant, que des policiers soient amenés à exercer les moindres sévices et encore moins la torture.

Devant cette courte réponse, accusatrice pour les policiers, du Procureur de la République, et en quelque sorte le refus de ce magistrat de lui faire connaître par le détail le résultat de cette autopsie, notre chef, M. Baldetini devait s'insurger. Pour mettre un terme à ce qu'il jugeait inacceptable, il devait demander au Procureur de la République de bien vouloir faire pratiquer une contre-autopsie par de véritable docteurs légistes, experts auprès des tribunaux. Le Procureur devait répondre par un refus catégorique.

Les policiers n'en étaient encore pas certains, mais le Procureur de la République lui, n'ignorait pas que les deux médecins commis par lui ou par le juge d'instruction, sous sa très grande autorité, avaient pratiqué l'autopsie, négligeant d'examiner les chevilles du corps de Castani, avant de conclure à un décès par pendaison par les pieds, ce qui devait être considéré comme une omission très grave. En conséquence, ce magistrat aurait dû accepter cette demande d'une contre-autopsie s'il avait été objectif. Il est difficile d'admettre que s'il n'avait pas eu des idées préconcues, bien déterminées, à l'encontre des policiers, ce magistrat se serait opposé à cette légitime requête formulée en vue de la manifestation de la vérité.

Après que le commissaire principal Baldetini nous ait mis au courant de la conversation qu'il avait eu avec le Procureur de la République de Grasse, tout le personnel de la brigade, inspecteurs et commissaires, nous étions tous outrés. Nous ne pouvions admettre que ce magistrat ait pu avoir foi dans les accusations qui étaient portées contre Palau et moi-même par des malfaiteurs qui avaient été interrogés à la brigade, au vu et au su de tous, alors que par intermittence, plus ou moins, tous avaient pu y assister. Ce qui nous indignait le plus c'était le fait que le Procureur avait pris position contre nous et paraissait vouloir soutenir nos accusateurs. C'était cependant ce même Procureur qui, avant le juge d'instruction, avait entendu les six hommes que nous lui avions présentés. Devant ce magistrat, Castani ne s'était pas plaint d'avoir subi des sévices et encore moins d'avoir été pendu par les pieds. Il en avait pourtant la possibilité. Il ne lui a pas montré ses chevilles qui, logiquement, auraient dû porter des traces, trois ou quatre jours seulement après son interrogatoire. Pourtant, désormais, entre les mains des magistrats, il ne pouvait craindre des représailles possibles de la part de ses « tortionnaires ».

Je dois ajouter qu'aucun autre des individus présentés n'avait jugé nécessaire de se plaindre de quoi que ce soit. D'avoir fait l'objet de sévices ou même d'avoir été simplement molesté.

Après tout cela, comment admettre que, moins d'un mois après, ce Procureur de la République puisse être assez naïf pour croire à ces accusations tardives à l'encontre des policiers. Ces malfaiteurs avaient attendu le décès de Castani pour accuser les policiers de toutes sortes de sévices et pour jouer les martyrs. Un tel revirement dans le comportement de ces hommes sentait la cabale à plein nez. Connu pour son intelligence, sa grande autorité, son caractère, qui était très ferme et aussi sa connaissance des hommes et sa compétence, comment admettre qu'il ait pu « tomber dans le panneau » ? On aurait pu dire de lui : « A ce magistrat ? On ne la lui fait pas ». Alors comment expliquer son comportement ?

A ce moment de nos réflexions nous étions bien obligés d'envisager une vilaine hypothèse. Peut-être bien que le Procureur de Grasse n'avait pas oublié les jours sombres qu'il avait vécu du fait de ce scandale, soulevé par la presse contre son Parquet. Il en avait rendu responsable mon ami Palau et moi-même. Il avait peut-être la rancune tenace. Peut-être que cette cabale, montée en prison par les malfaiteurs, tombait à pic pour prendre une revanche sur Palau et Michel et leur faire payer ce scandale pour son Parquet après l'arrestation de Valtouch et sa secrétaire principale.

A ce moment, la 18° brigade mobile venait d'être dissoute, comme celles d'Annecy et de Pau. Elle devenait un groupe détaché de la 9° brigade mobile de Marseille. M. Baldetini était en contact avec notre nouveau commissaire divisionnaire dans cette ville, il était tenu au courant du déroulement de l'affaire. Lui, comme la direction de la police judiciaire à Paris, savait que les policiers n'étaient absolument pour rien dans le décès de ce malfaiteur. Il y eut une intervention auprès du Procureur général et le Procureur Voutier, contre son gré, dut ordonner une contre-autopsie.

Cette contre-autopsie devait être pratiquée à Nice, le corps de Castani ayant été inhumé au cimetière de Caucade, dans cette ville. Il appartenait au Parquet de Nice, plus précisément au doyen des juges d'instruction, de commettre les praticiens devant opérer cette nouvelle intervention. Cette fois, pour ce magistrat, il n'était plus question de commettre n'importe qui. Ce furent les médecins légistes des villes de Nice, Cannes et Antibes qui furent commis pour pratiquer cette contre-autopsie.

Plusieurs années après ces événements, l'un des trois médecins légistes-experts devait nous faire une confidence à Palau et à moi. La veille du jour fixé pour la contre-autopsie, il a été appelé au téléphone.

— Allo ! Docteur Balou ? Ici Voutier, Procureur de la République à Grasse. Vous avez été commis par M. Serre, juge d'instruction, pour pratiquer, avec vos confrères, cette contre-autopsie. Il s'agit d'une pénible affaire. La police a été en dessous de tout. Je vous demande de faire votre devoir comme moi-même je fais le mien.

En quelque sorte, le Procureur avait tenté de faire pression sur l'expert afin que celui-ci adopte les conclusions des docteurs Ravez et Denoul.

Dans l'attente du rapport des trois experts, d'autres mauvaises nouvelles étaient annoncées à M. Baldetini par le Procureur Voutier. Ce magistrat devait lui apprendre que Marc Vaunan était au plus mal et que, lui aussi, s'était plaint d'avoir été pendu par les pieds pendant trois heures et, aussi, comme Castani et au même endroit, avoir subi l'immersion de la tête dans l'eau. Après ces paroles mon chef devait s'écrier :

— C'est le comble de l'absurde mais enfin cette nouvelle plainte va enfin nous permettre de dégonfler cette cabale. Castani est mort et en ce qui le concerne nous ne pouvons rien prouver mais si Vaunan prétend avoir subi les mêmes tortures et dans les mêmes conditions et au même endroit, c'est très bon pour nous. Il n'y a qu'à lui faire préciser où il a été pendu et dans quelles conditions exactes. Au cours d'une reconstitution dans nos locaux on s'apercevra très vite que ses dires, de même que ceux qui ont été attribués à Castani ne sont que des mensonges.

C'était logique et facile à réaliser dans les quarante-huit heures. Néanmoins, le Procureur Voutier ne devait pas donner satisfaction à mon chef.

Pourquoi ce refus catégorique ? Cette reconstitution était demandée en vue de la manifestation de la vérité. De plus, le Procureur avait dit à mon chef que Vaunan était au plus mal, il y avait donc urgence à ce que cette reconstitution se fasse. Il ne fallait pas attendre qu'un décès la rende impossible. Par ce refus, délibérément, le Procureur refusait aux policiers la possibilité de se défendre, prenant le risque de les laisser en accusation avec deux cadavres « sur le dos ». C'était là une drôle de façon de comprendre la justice. Elle était à sens unique. Il est permis de supposer que le Procureur de la République avait des raisons bien personnelles pour refuser aux policiers le droit d'établir qu'ils faisaient l'objet de fausses accusations.

Je crois utile de dire que l'exhumation de Castani, aux fins d'une contre-autopsie n'avait pu se faire que quelques jours après la première. De plus la tâche des experts n'était pas facilitée par la dissection antérieure.

Avant même de connaître le résultat officiel de cette contre-autopsie, nous devions apprendre que les trois médecins experts chargés de cette opération, avaient été surpris du fait que le Procureur Voutier avait toléré la présence de l'avocat et du docteur Garento de la partie civile.

Au cours des constatations effectuées par ces experts, le docteur Garento, à haute voix et à plusieurs reprises, faisait connaître ses opinions personnelles sur la certitude que l'hémorragie était bien due aux violences des policiers. Ces commentaires étaient tenus devant le Procureur Voutier, les experts et même devant plusieurs journalistes qui avaient réussi à se glisser dans la morgue du cimetière.

Ce même docteur Garento allait jusqu'à déclarer à la presse que l'hémorragie méningée remontait sûrement à un mois, ce qui correspondait à la date de l'arrestation de Castani.

Le lendemain matin, deux jours avant que les trois médecins experts aient pu rédiger leur rapport d'autopsie, destiné au magistrat instructeur qui les avait commis, la presse publiait les résultats les plus fantaisistes.

Le quotidien du Parti communiste, le journal « La Patriote » du 8 mars 1947, faisait paraître un article sous le titre « Après l'autopsie » : Castani est bien mort des sévices reçus, en gros caractères. Dans ce très long article les détails les plus fantaisistes, les plus invraisemblables et les pires mensonges faisaient peser sur les policiers les accusations les plus lourdes.

Je dois dire que cette contre-autopsie devait être pratiquée avec une grande compétence par des professionnels. Le rapport intégral de ces trois médecins experts fut le suivant :

Nous soussignés les docteurs Ralou, Costan et Baudol, médecins légistes, commis par ordonnance de M. Serre, juge d'instruction à Nice, en date du 7 mars 1947 à l'effet de procéder à un nouvel examen du cadavre du sieur Castani Eugène, décédé à l'hôpital civil de Grasse le 28 février 1947 et qui a été inhumé au cimetière de Caucade à Nice.

Mission :

1° Les experts feront toutes observations : sur l'état général du sus-nommé antérieurement à la mort.

2° Sur les causes de la mort, ils s'entoureront de tous renseignements utiles à leur tâche et, en particulier prendront contact avec les docteurs Ravez et Denoul, qui ont établi un premier rapport d'autopsie le 5 mars 1947. De tout quoi, les experts déposeront rapport.

Déclarons et certifions, serment préalablement prêté, avoir fidèlement rempli mission et en donner ici le résultat :

Exposé des faits et commémoratifs :

En consultant le rapport des premiers experts, voici les circonstances qui auraient précédé la mort de Castani Eugène. Détenu à la maison d'arrêt de Grasse depuis 15 jours environ, a été transporté d'urgence à l'hôpital de Grasse, le 28 février 1947 à 23 heures. Le docteur Ravez qui se trouvait dans l'établissement constata que le malade présentait un « coma très grave » et se trouvait dans la période pré-agonique, la mort très rapide de Castani survenue à 23 heures 30 ne permit pas de pouvoir exécuter les recherches biologiques et cliniques susceptibles de donner des indications utiles sur les causes de la mort. Seule une analyse d'urine montre l'absence de sucre et d'albumine et fit écarter l'éventualité d'un coma diabétique ou albuminurique.

Notre examen de contre-expertise après exhumation, a eu lieu le 7 mars 1947 à la morgue du cimetière de Caucade.

Etaient présents : MM. Voutier, Procureur de la République à Grasse, Serre, juge d'instruction, maître Farboni, avocat et docteur Garanto pour la partie civile ; docteurs Ravez et Denoul et les trois experts : docteurs Ralou, Costan et Baudol.

Le cadavre de Castani déjà autopsiée le 2 mars 1947 à Grasse ne présentait quant à l'examen extérieur aucune trace de coups, de blessures ou de violences suspectes.

Seule existait une minime rougeur superficielle de la joue gauche avec effusion sanguine sous-cutanée ou profonde. Pas de plaie du cuir chevelu, par d'érosion, pas de contusion, pas de fracture du crâne.

Le cerveau enlevé, sectionné en morceaux et dissocié par les premiers experts n'a pu être reconstitué, ni examiné par nous. Il existait encore à la base du crâne un reliquat très net d'épanchement sanguin (hémorragie méningée) surtout marquée sur la lame criblée de l'éthmoïde, dans les fosses schénoïdales et périprotubérantielles et le « chiosma optique ». Il y aurait eu écoulement sanguin par les narines, rapport des premiers experts, mais non par les oreilles.

Les premiers experts nous ont donné le compte rendu de l'examen complet du cerveau qu'ils ont trouvé « congestionné ». Aucune lésion macroscopique au niveau du cœur, de l'estomac, de l'intestin, du foie (un peu gros). Poumons congestionnés, de coloration ardoise foncée et présentant un degré d'emphysème pulmonaire. Aucune diffusion sanguine au niveau des yeux et des régions orbitaires. Pas de cyanose du visage, pas de décompression de la région cervicale (cou).

Sur les membres supérieurs et inférieurs aucune trace de blessure, de contusion ou de violence suspecte, *aucun sillon ancien ou récent dû à un lien constricteur* notamment aux chevilles.

Du sang a été prélevé à toutes fins utiles, pour toutes recherches biologiques et cliniques, encore possibles et remis à M. Poncelet, chimiste expert pré les tribunaux.

Discussion et conclusions :

La mort du sieur Castani Eugène a eu lieu le 28 février 1947 à 23 heures 30 d'après les premiers experts.

Elle a été occasionnée par une « hémorragie méningée » abondante et les premiers experts ont constaté aussi un « hématome extra dural » avec petits caillots.

Cette lésion est vraisemblablement d'origine traumatique, sans qu'on puisse éliminer totalement une « cause endogène ». Le traumatisme initial peut être compris dans un espace intercalaire de trois à quatre mois et pourrait se situer aussi bien avant l'arrestation de Castani que pendant sa détention. (Une enquête judiciaire seule pourrait préciser la nature de ce traumatisme) et la situer dans le temps.

Ce délai « intercalaire » est admis par tous les auteurs et médecins légistes et notamment par le docteur Malin, professeur agrégé de médecine légale à la faculté de Lyon (page 293 de son traité).

Cette hémorragie méningée a pu être, au début, localisée, pour se développer lentement et progressivement et produire des signes cliniques constatés (céphalées, nausées, vertiges, prostation, effondrement physique, syncope puis coma terminal).

Le décès de Castani se situant le 28 février 1947.

Nos conclusions sont également basées sur les renseignements données par les premiers experts lors de la prise de contact avec les docteurs Ravez et Denoul de Grasse.

En second lieu, il n'est pas possible de savoir d'une façon précise quel était l'état de santé antérieur de Castani. Il y aurait lieu de vérifier à ce point de vue si Castani a fait son service militaire. S'il était « pensionné » ou réformé au titre de la loi du 31 mars 1919 et s'il était détenteur du carnet médical de « soins gratuits », s'il avait été enfin justiciable des assurances sociales et soigné comme tel en cas de maladies antérieures.

Quant aux symptômes morbides présentés et constatés lors de sa détention, une enquête auprès du médecin de la maison d'arrêt de Grasse et des infirmiers chargés de l'infirmerie,

pourra préciser l'importance et la nature des troubles patholo-
giques en évolution.

    Fait à Nice le 10 mars 1947.

    Les médecins experts soussignés :

    RALOU - COSTAN - BAUDOL.

    P.S. : Les résultats de l'analyse du sang remis aux experts
par le laboratoire Poncelet ne sauraient être pris en considération,
étant donné l'état de putréfaction du sang et n'informent ni ne
confirment un état pathologique antérieur.

    Egalement, ce n'est que plusieurs mois plus tard, après
avoir obtenu un non-lieu, que les policiers purent prendre
connaissance du rapport de la contre-expertise des trois médecins légistes.

    Ainsi les trois experts faisaient ressortir :

    1° Qu'il n'existait aucune trace de lien constricteur aux che-
villes de Castani et, il était nullement question dans leur rapport
de pendaison par les pieds ni d'immersion de la tête dans l'eau.

    2° Que Castani était susceptible d'avoir subi un traumatisme
crânien dans un espace intercalaire de quatre mois avant le
décès ou tout aussi bien pendant sa détention à la maison d'arrêt.
L'arrestation se situant à environ un mois avant le décès, il y
aurait eu possiblité que Castani ait reçu un coup dans les trois
mois qui précédèrent son arrestation.

    3° Les experts n'écartaient pas l'hypothèse d'une cause endo-
gène, c'est-à-dire d'une maladie évolutive telle que la syphillis
ou la tuberculose.

    Le sang prélevé n'ayant pu être analysé d'une façon valable,
les trois praticiens demandaient à ce qu'une enquête soit faite
en vue de déterminer l'état pathologique de Castani antérieurement à son décès.

    En conséquence le travail du magistrat instructeur paraissait tout trouvé : premièrement il devait faire effectuer une enquête à l'effet de savoir si Castani n'avait pas subi un choc ou coup sur le crâne dans les trois mois ayant précédé son arrestation ou bien après celle-ci.

Enfin il se devait d'effectuer une enquête sérieuse sur l'état de santé de ce malfaiteur.

En ce qui concerne le choc ou coup qu'il aurait pu recevoir, une enquête était demandée à la Sûreté niçoise mais, seulement cinq mois après que les experts en aient signalé l'utilité.

Les policiers de la Sûreté de Nice devaient apprendre qu'environ un mois avant son arrestation Castani avait été vu avec les yeux gonflés et tuméfiés. Des rumeurs précisaient qu'il aurait participé à une rixe dans le quartier de Riquier et, que quelques jours après on l'aurait vu en état d'ébriété recherchant son adversaire.

Personne ne voulut déposer par crainte de représailles. Les renseignements obtenus ne pouvaient donc qu'être officieux sans valeur de témoignage.

En ce qui concerne l'état de santé de Castani, le juge d'instruction devait entendre le frère et la maîtresse de celui-ci qui devaient affirmer que c'était un être exceptionnellement robuste.

Le docteur Garanto de la partie civile avait d'ailleurs déjà pris l'initiative d'adresser une lettre au juge d'instruction de Grasse pour lui dire qu'il rejetait toute cause d'origine endogène dans le décès de Castani.

Sous la foi du serment, le docteur Famous de Nice était venu affirmer qu'il soignait la famille Castani depuis vingt-cinq ans et, que tout le monde y compris Castani Eugène, était en bonne santé.

Les recherches en ce qui concernait l'état pathologique antérieur de cet homme devaient s'arrêter là.

La campagne de presse allait bon train et était déchaînée.

La partie civile avait transformée sa plainte contre X en

plainte contre personne dénommée, c'est-à-dire contre Julien Palau et Damien Michel. Nos deux noms étaient jetés en pâture dans les journaux.

Le temps passait et nous n'obtenions toujours pas la reconstitution avec Vaunan que mon chef ne cessait de réclamer au Procureur de Grasse. Mieux que cela, ce magistrat devait un jour apprendre à M. Baldetini que l'état de santé de Vaunan était tel qu'il se voyait dans l'obligation de le mettre en liberté provisoire afin qu'il ne meure pas en prison.

Il faut imaginer les soucis que nous étions en droit de nous faire, Palau et moi. Si Vaunan était mort, cela nous aurait fait deux cadavres sur le dos et nous n'avions plus la possibilité de prouver notre innocence.

Vaunan avait été malade ceci était exact. Cet homme délinquant primaire avait été très éprouvé par sa détention. De plus ayant caché la marchandise volée dans le garage de sa maîtresse à son insu il avait perdu celle-ci et il en avait du chagrin. A un certain moment, il devait même faire la grève de la faim. Il avait donc été très éprouvé moralement et physiquement. Il est possible aussi que les quatre frères Maranigo lui aient rendu la vie dure en prison pour avoir parlé aussi facilement et s'être montré plein de bonne volonté auprès des policiers pour faciliter leur capture. De toute façon, ils avaient dû lui faire une réputation. Comme Castani, il avait cru devoir jouer les martyrs. Le retournement de ses sentiments envers les policiers qui l'avaient arrêté et bien traité pouvait se comprendre. De là à admettre qu'il les désigne comme ayant été ses tortionnaires il y a de la marge.

M. Senas, juge d'instruction poursuivait son information avec l'assistance de son greffier, M. Benard, le même qui avait été suspecté de complicité dans une affaire d'évasion de détenu par Palau et son co-équipier de l'époque. Avec le Procureur de la République il devait organiser une vaste opération d'identification et de confrontation entre Vaunan et les présumés coupables, c'est-à-dire Palau et Michel.

Vaunan, libéré depuis plusieurs jours était complètement remis. Pour mener cette opération à bien, je devrais dire cette comédie, on devait convoquer à Grasse une vingtaine de policiers. Certains de chez nous, d'autres appartenaient à la police d'Antibes, de Cannes et de Grasse. Tous ces fonctionnaires, en civil naturellement, furent placés en fer à cheval dans la grande salle d'audience du Palais de justice. Palau et moi nous devions être placés parmi eux. Après cette mise en place Vaunan était introduit dans la salle d'audience et le magistrat instructeur devait lui demander de désigner ceux qui l'avaient torturé. Immanquablement il devait désigner Palau et Michel. En dehors de nous deux il ne connaissait personne d'autre.

Après cette mise en scène, une confrontation devait être faite par procès-verbal entre Vaunan et moi-même et celui-ci et Palau, ensuite, dans le cabinet du juge d'instruction.

Alors que Vaunan et moi nous étions assis côte à côte sur deux chaises face au juge d'instruction, il s'est passé un fait tout à fait étrange. Je n'ai jamais su s'il était dû au hasard ou bien s'il avait été voulu. Avant même de nous entendre contradictoirement, le greffier se leva et quitta le bureau. J'ai alors pensé qu'il se rendait aux toilettes ou bien qu'il allait s'approvisionner en imprimés. Trois minutes plus tard le juge s'éclipsait à son tour nous laissant Vaunan et moi seuls dans le cabinet du juge.

Assis à ma droite, son coude touchant le mien, Vaunan me donnait l'impression d'être assis sur de la braise. Il faut se mettre à sa place. Il avait déjeuné amicalement avec moi. Je l'avais comblé d'encouragements et de bons conseils et malgré cela il venait de me désigner comme étant l'un de ses tortionnaires. La situation s'éternisant, pour rompre le silence, je ne puis m'empêcher de lui dite :

— Alors comme ça je t'ai pendu par les pieds, moi ?

Aussitôt Vaunan bondit comme s'il avait reçu une décharge électrique. Il s'élança vers la porte en criant :

— Il a voulu me frapper ! Il a voulu me frapper !

Il se jetait littéralement dans les bras du juge d'instruction qui, justement revenait à son bureau, à moins qu'il n'ait fait que se tenir devant la porte.

Le juge ne m'a demandé aucune explication et je n'ai pas cru devoir lui en donner. Il ordonna simplement à Vaunan de regagner sa place. J'ai beaucoup réfléchi depuis à cet incident. Je suis en droit de me demander s'il n'y avait pas eu mise en scène. Le fait m'était apparu très étrange.

Ayant été injustement accusé par Vaunan et me trouvant seul avec lui, j'aurais pu exploser, frapper et marquer l'inculpé libre. Dans ce cas il y aurait eu pour le moins un délit de violences, coups et blessures. Ce nouveau délit n'aurait pu qu'accréditer le fait que je pouvais être un tortionnaire en puissance.

Malgré cet intermède bizarre, la confrontation put se dérouler normalement. Naturellement Vaunan maintenait ses accusations envers moi comme il devait les maintenir au cours de la confrontation avec Palau.

Au cours de ces confrontations et interrogatoires, les policiers ont eu fort à faire pour que l'on enregistre les mots et termes qui nous paraissaient les plus judicieux pour notre défense. Ceux que le magistrat instructeur voulait employer ne nous convenant pas. Il devait même se faire adresser des reproches par mon ami Palau qui lui dit :

— Je connais le français aussi bien que vous.

A ce stade de l'instruction, l'affaire se présentait très mal pour Palau et moi. Par un coup de fil, un ami du Palais de justice, j'en avais quand même encore, m'avait dit :

— Michel, je te préviens. D'après l'ambiance qui règne au

Palais je crois pouvoir te prévenir que si vous êtes à nouveau convoqués chez le juge d'instruction, ce sera pour être inculpés et placés sous mandat de dépôt à la maison d'arrêt de Grasse.

Après cet avertissement que j'ai communiqué à Palau, j'ai beaucoup réfléchi. Le chef d'inculpation était : violences volontaires ayant entraîné la mort sans intention de la donner. Pour un particulier la peine des travaux forcés à temps était prévue. Pour un fonctionnaire de police, la peine était aggravée d'un degré et c'était les travaux forcés à perpétuité. Comme l'on ne transportait plus les condamnés à la Guyane à ce moment, c'était donc la réclusion perpétuelle que je risquais tout en étant innocent. Cela je ne pouvais pas le supporter.

Avant cette affaire Castani, si quelqu'un m'avait interrogé pour me demander si de nos jours l'erreur judiciaire était encore possible, j'aurais souri et j'aurais répondu :

— Non ! Mon expérience dans la police me permet de répondre que je ne crois pas que la chose soit possible. Il y aurait trop de monde à partager cette erreur.

J'aurais pu dire que durant la dizaine d'années que j'avais passé dans la police, je n'avais jamais connu d'affaire pour laquelle la culpabilité d'un accusé condamné aurait pu être mise en doute. Hélas, notre situation, pour Palau et moi, dans cette affaire Castani, devait me faire changer d'avis en ce qui concernait l'erreur judiciaire. Les charges qui avaient été accumulées à notre encontre, dès le départ, étaient monumentales, avec en plus, un Procureur de la République et un juge d'instruction à fond contre nous. A ce moment de cette affaire, j'étais persuadé d'une chose : il aurait suffit que le décès de Vaunan survienne pour qu'une erreur monumentale suive son cours d'une manière irréversible jusqu'au bout. C'est-à-dire jusqu'à la juridiction de jugement et à une condamnation à une très lourde peine.

Mon caractère et mon tempérament ne me permettait pas de rester passif et d'accepter de subir un sort aussi injuste. Je devais lutter. En conséquence, pour le cas où j'aurais été à nouveau convoqué chez le juge d'instruction, plutôt que d'encourir le risque d'être inculpé et placé sous mandat de dépôt à la maison d'arrêt, je décidais de prendre la fuite. Pour m'y préparer, il me fallait de faux papiers. Je devais me les procurer avec l'aide d'un ami appartenant à la Surveillance du Territoire, sûr de mon innocence. Mon intention était de me rendre en Italie dans un premier temps. Ensuite j'aurais essayé d'atteindre l'Amérique centrale. J'avais déjà longuement navigué et j'étais capable d'embarquer sur n'importe quel « rafiot » battant pavillon panaméen ou autre. Ceci avec l'idée que, par la suite, ma femme et mon fils pourraient toujours me rejoindre. Je n'ignorais pas les affres que les êtres qui m'étaient chers auraient dû subir. En cas de fuite, je savais que, reconnu coupable, je serais condamné par contumace et que, solidairement avec Palau, je devrais payer des dommages et intérêts à la famille de la prétendue victime. Dans ce cas, on aurait à peu près tout saisi, à mon domicile, à part les lits et quelques objets essentiels.

Dans l'attente du jour où j'aurais, peut-être, à prendre cette tragique décision, de temps à autre, j'allais au bar de Guettani, la plaque tournante du grand « Milieu » (Marseille-Lyon-Paris-Nice). Là, on y suivait le déroulement de cette affaire par la presse et les racontars du petit « Milieu » niçois. Une chose que l'on pourrait peut-être trouver étrange, c'est que les vrais « durs » souriaient de voir s'agiter ceux qu'ils considéraient comme les « minus » de la vieille ville. Ceux qui me connaissaient bien me gardaient tout leur respect. Ils ne croyaient absolument pas à cette histoire de pendaison par les pieds avec immersion de la tête dans l'eau. Néanmoins, ne sachant pas exactement ce que les policiers voulaient apprendre de Castani, ils étaient tentés d'admettre qu'il avait peut-être été un peu secoué, mais sans plus.

L'un d'entre eux, Jean Lazaretti, me dit :

— Monsieur Michel, cette histoire de pendaison, elle nous fait bien rire dans notre « Milieu » à nous. Que vous l'ayez un peu passé à « tabac » selon ce que vous attendiez qu'il vous révèle, nous pensons tous que c'est dans le domaine du possible. Tout de même la pendaison par les pieds, de mémoire de truand cela ne s'est jamais vu en France et nous sommes bien sûrs que vous ne faites pas cela.

Je vais vous dire, monsieur Michel, lorsque l'on veut faire le voyou on doit en accepter les risques sans se plaindre. Il y a la prison et, avant, le passage dans les locaux de la police. Tout le monde sait que chez les « condés » on n'y est pas « chouchouté » si on est un truand. Si l'on a peur de tout ça on se fait épicier ou marchand de nougat, mais on ne met pas les pieds dans le « Mitan ».

Il devait ajouter :

— Même le frère de Castani, qui lui aussi se dit du « Milieu » il devrait connaître la règle. On ne doit jamais «« donner » qui que ce soit à la justice. Si on a un compte à régler, même avec un policier et que l'on se prétend un « homme » on agit comme tel. On prend ses responsabilités quels qu'en soient les risques.

Je vous dirais qu'ils sont malheureusement trop nombreux ceux qui, dans vos locaux, se mettent à « table » comme des lavettes avec une seule gifle. Ensuite, pour rattraper « le coup » après avoir mis des « hommes » dans le « bain », ils jouent les martyrs en mettant tout sur le dos des « condés ». Maintenant le « Milieu » est pourri.

L'autre jour j'ai rencontré le frère de Castani Eugène. Il était venu rôder par ici, peut-être pour se mettre les vrais « hommes » de son côté. Il m'a dit :

— Michel et Palau il faudra qu'ils payent, d'une façon ou d'une autre.

Je me suis contenté de lui déboutonner sa veste pour regar-

der s'il portait une arme à sa ceinture. Comme il n'y avait rien
je l'ai regardé en souriant avec un air narquois.

M. Baldetini, notre chef se faisait un réel souci pour Palau
et pour moi. Il comprenait que le danger était imminent. Il se
rendit à Marseille et insista fortement auprès du commissaire
divisionnaire chef de la 9ᵉ brigade, dont nous dépendions désormais afin qu'il intervienne auprès du Procureur Général, à Aix-
en-Provence, en vue d'obtenir rapidement cette reconstitution
tant souhaitée qui nous était refusée.

Pendant ce temps et depuis quatre mois la campagne de
presse faisait rage contre les policiers. A cette époque, à Nice,
il y avait quatre quotidiens : « La Liberté », journal qui n'existe
plus et qui était politiquement très à droite ; « Nice-Matin »,
« L'Espoir de Nice » et le « Patriote », journal communiste.

C'est le journal « La Liberté » qui a pris la responsabilité
d'attaquer le premier la police et les policiers, et s'acharnant
sur eux dans les jours et les mois qui suivirent, amplifiant même
l'importance de cette affaire. Pourquoi ce journal de droite
avait-il pris à partie un service de police et ses hommes dans
cette affaire ? Quelques mois plus tard, le rédacteur en chef de
ce journal devait en faire l'aveu au commissaire principal Baldetini notre chef de brigade. D'après ce journaliste, lorsque les
reporters des quatre journaux niçois se présentaient, le soir, au
secrétariat de la police mobile pour prendre connaissance des
affaires traitées, c'était le journaliste de « La Liberté » qui était
le plus mal reçu et celui à qui on ne donnait jamais certaines
affaires intéressantes, alors qu'on les donnait facilement aux
autres confrères. (Je crois savoir que ce journaliste ne s'était
jamais rendu très sympathique auprès du personnel du secrétariat.)

Le journal « La Liberté » a tout fait pour amplifier l'importance qui allait être donnée à cette affaire en insinuant que le
très grand avocat maître Moro-Giafferi viendrait prendre la

défense de la partie civile. Elle a tout fait pour monter l'opinion publique contre Palau et Michel.

Dans son journal des 9 et 10 mars 1947, son article était particulièrement virulent et insidieux. Son rédacteur n'avait pas hésité à écrire textuellement : « Une prime très importante, dix millions de francs assure-t-on, était offerte à qui découvrirait les voleurs de l'essence concrète de jasmin. Le dangereux attrait de cette somme excessive a-t-il été une tentation trop forte pour quelques partisans de la « chambre aux aveux spontanés ». C'est ce qu'il importe que l'on sache. Si des policiers coupables ont battu Castanu à mort, pour qu'il parle, ils ont failli à leur mission qui est de découvrir et d'arrêter les malfaiteurs et non de les torturer. Il faut que leurs noms soient connus. Il faut qu'ils soient livrés à la justice. »

Cet article particulièrement venimeux à l'encontre des deux enquêteurs de cette affaire devait provoquer une demande de rectification, à ce journal par le plaignant, M. Lavaura de Vallauris. La prime offerte n'était pas de dix millions mais d'un seul et elle n'était destinée qu'à la personne qui ferait découvrir la marchandise volée. La rédaction de « La Liberté » avait dû rectifier et s'excuser.

Par la suite, le journal « La Liberté » s'est vu adresser des reproches pour son comportement envers les policiers par diverses personnes, associations, etc., qui ont été outrées de sa prise de position contre les policiers en ne s'appuyant que sur des rumeurs incontrôlables.

Tous les policiers de la région niçoise avaient été irrités de cette accusation, aussi grotesque qu'absurde et injuste, formulée par des malfaiteurs, à l'encontre de deux de leurs collègues. Ils avaient trouvé écœurante cette campagne de presse acharnée du journal « La Liberté », en vue de monter l'opinion publique contre les policiers en accusation. En conséquence, M. Charles Dickely, au nom de l'Union des policiers des Alpes-Maritimes, qui groupait les différents syndicats de la police de la région de Nice, devait écrire une lettre de protestation au rédacteur en chef de ce journal. Entre autre, ce policier devait lui dire :

« Vous savez qu'un policier, lorsqu'une enquête est ouverte par le juge d'instruction, n'est pas autorisé à fournir des renseignements à la presse. Or, dans cette campagne on ne fait état que des déclarations d'une partie et on en profite pour attaquer la police. Il nous paraîtrait plus normal que l'on attende la fin de l'enquête présente afin que la population soit informée en toute impartialité et quels que soient les résultats de cette enquête. »

Cette lettre devait également être publiée sur le journal « La Liberté ». Elle était suivie de propos tendant à minimiser le comportement de ce quotidien en prétendant qu'il n'y avait pas eu, à proprement parler, de campagne de presse, en ajoutant, pour se déculpabiliser, avoir eu l'occasion de dire, dans ce journal, combien la police devait être soutenue matériellement et moralement dans sa lutte contre les gangsters de tout poil et de tout acabit.

Peu après, à l'occasion d'un article sur un sujet tout à fait différent, le rédacteur en chef du journal « L'Espoir de Nice » avait saisi l'occasion de reprocher à son confrère de « La Liberté » l'importance démesurée qu'il avait donné à « telle affaire policière », d'avoir foncé en avant, pour revenir en arrière au lieu d'attendre les résultats positifs d'une enquête.

Les journaux « Nice-Matin » et « L'Espoir de Nice » se sont toujours abstenus de tous commentaires tendant à discréditer la police et ses policiers. C'est seulement après que la campagne de presse fut déclenchée par « La Liberté » que le journal communiste « Le Patriote » lui a emboîté le pas avec encore plus de virulence. Nous avions appris que Castani appartenait au Parti communiste. Pour nous c'était une explication.

Il était indéniable que le journal d'extrême droite et celui d'extrême gauche étaient, en quelque sorte, allié dans leur action tendant à établir, aux yeux du public, la culpabilité des policiers Palau et Michel. Ceci, sans preuve, sans connaissance exacte du dossier ou en dénaturant le peu qu'ils pouvaient en connaître.

Cette action, conjointe, d'une grosse partie de la presse, ne pouvait que conforter l'action menée par le parquet de Grasse contre les policiers. En outre, elle donnait du poids à la cabale montée par les truands.

Dans cette affaire, ce journal « La Liberté », bien pensant de notoriété, avait pris une initiative déshonorante. Le mal était fait depuis quatre mois. Les noms de Palau et Michel avaient été jetés en pâture à l'opinion publique qui, en grande partie, était conditionnée par la presse.

LE POLICIER SE FAIT PENDRE PAR UN PIED

Enfin, cette reconstitution était ordonnée par le Parquet général. Il nous avait fallu attendre trois mois, après les premières accusations de Vaunan.

Comme Nice n'était pas dans l'arrondissement de Grasse, le Parquet de Nice était désigné pour effectuer cette opération. Tout d'abord, M. Serre, doyen des juges d'instruction devait nous entendre à son tour, sous la foi du serment, Palau et moi.

Par des fuites en provenance du petit « Milieu » niçois, j'avais appris que l'on avait conseillé à Vaunan de ne pas dire qu'il avait été pendu à un crochet ou à une aspérité quelconque. Cela se serait avéré inexistant et aurait tourné à sa confusion. On lui avait suggéré de dire qu'il avait été pendu le long d'une porte. Comme des portes il y en a dans tous les bureaux il ne risquait pas d'être pris en flagrant délit de mensonge.

Vaunan fut donc convoqué pour se présenter au siège de notre brigade, à la villa « La Pergola » rue André-Theuriet à Nice. Avant l'heure fixée, le Procureur de la République de Nice, M. Rosier d'Albert, le juge d'instruction, M. Serre et son greffier étaient présents. Ils avaient donné des instructions sévères. Aucun policier ne devait se trouver sur le passage de Vaunan à son arrivée à la brigade. Seuls les magistrats attendraient cet homme et le recevraient.

Les consignes furent bien observées et de loin, au travers des vitres des bureaux nous vîmes Vaunan franchir les grilles du portail et cheminer dans le petit parc avant de franchir les escaliers de la villa. Il paraissait en pleine forme. Il devait être immédiatement accueilli et pris en main par les magistrats et son audition commença. Dix minutes plus tard nous devions entendre des cris en provenance du premier étage. Peu après nous pouvions apercevoir Vaunan quittant la brigade.

Le divisionnaire de Marseille, M. Dausic, M. Baldetini, Palau, moi-même et d'autres policiers nous sommes allés nous informer. Le Procureur de la République nous expliqua que quelques minutes après le début de sa déposition, comprenant, d'après les précisions qui lui étaient demandées qu'il risquait d'être confondu, il simula une crise de folie menaçant de se jeter par la fenêtre du premier étage. Aux dires des magistrats, il ne faisait aucun doute que Vaunan avait inventé son histoire de pendaison. Le Procureur devait ensuite nous préciser qu'il avait déclaré avoir été pendu par un seul pied à la porte d'une armoire métallique ou d'une porte de communication. Il avait lui-même conduit les magistrats dans le bureau où il avait été torturé. Il était situé côté droit de l'immeuble, au premier étage et c'était le dernier à droite au fond du couloir. Ce bureau était celui du commissaire de police chef de la section criminelle.

Immédiatement, je pensais que si Vaunan avait précisé qu'il avait été pendu par un seul pied c'était probablement pour corser encore la cruauté de son supplice. Immédiatement je réalisais que tout le poids d'un homme sur une seule cheville cela devait laisser des traces immédiates, profondes et durables. Je vis là un moyen de confondre toutes les accusations de façon radicale et de mettre fin à cette affaire qui n'aurait jamais dû voir le jour. Vaunan avait désigné le bureau, il avait déclaré avoir été torturé dans celui-ci, comme Castani et dans les mêmes conditions.

Je demandais donc au Procureur de la République à être pendu par une cheville dans les mêmes conditions dans le bureau qui avait été désigné par Vaunan. Le Procureur me dit tout de suite qu'il ne pouvait accepter ma proposition. Je compris qu'il entrevoyait des risques pour moi. J'ai dû insister long-temps en disant que je prenais l'entière responsabilité de tout ce qui pourrait m'arriver pendant ou après cette pendaison.

Enfin j'obtenais gain de cause. Les deux magistrats, le greffier, les chefs de la police, Palau, moi-même et deux autres collègues nous nous transportâmes dans le bureau désigné par Vaunan.

Après que le juge d'instruction eut dicté à son greffier que cette reconstitution de pendaison était faite à la demande expresse de l'inspecteur Michel et sous sa responsabilité, je demandais au magistrat de bien vouloir examiner et décrire le dessus des deux portes de communication du bureau ainsi que celui des deux battants de porte de l'unique armoire métallique garnissant celui-ci.

A l'aide d'une échelle et muni d'une lampe électrique, M. Serre devait constater que les bords supérieurs des portes en bois étaient recouverts de vieilles couches de peinture, d'une bonne couche de poussière et que les angles étaient vifs sur toute la longueur.

On alla se procurer une corde dans un garage à proximité puis, je m'allongeais sur le sol attendant que l'on veuille bien me pendre par une seule cheville comme Vaunan l'avait stupi-dement précisé. Après m'avoir enlevé la chaussure du pied droit, on devait lier ma cheville sans m'enlever la chaussette qui était fine. C'est avec beaucoup de difficultés que tous les policiers présents devaient essayer, d'abord, de me pendre à un battant de l'armoire métallique. Ne pouvant supporter le poids de mon corps elle devait se renverser sur moi. Devant cette impossibilité il fallait donc choisir l'une des deux portes de communication qui étaient rigoureusement identiques. Avec beaucoup d'efforts et en s'y mettant à cinq ou six on devait, cette fois, arriver à me pendre. Je me retrouvais donc pendu par une cheville le long de la porte, côté intérieur du bureau. Mon dos était plaqué contre la porte et ma tête se trouvait à environ trente centimètres au-dessus du sol. La corde avait été passée par-dessus la porte et elle avait été attachée à la poignée du côté opposé à celui le long duquel j'étais pendu. De ce fait elle ne pouvait que rester entrebaillée.

La corde avait été liée par-dessus la chaussette. Je la sentais pénétrer dans ma chair. Je n'étais pas gros, néanmoins, 72 kilos suspendus à une seule cheville ce n'était pas rien. Cela me faisait très mal. Toutefois j'ai toujours été assez dur à la souffrance physique. De plus une chose me soutenait et m'encourageait à tenir. Je savais que j'allais faire la preuve de l'absurdité des accusations qui avaient été portées contre mon camarade et moi. Ceci sans qu'il soit nécessaire, dans cette position, que ma tête soit plongée, par intermitence, dans une bassine d'eau, et que je m'agite pour éviter l'étouffement.

Dix minutes à un quart d'heure après ma pendaison, ma jambe ne me faisait pratiquement plus mal car je ne la sentais plus. Je comprenais que les dégâts devaient être déjà importants. Je ne puis m'empêcher alors de dire en plaisantant :

— Vous savez, Monsieur le Procureur, si je devais rester pendu durant trois heures dans ces conditions, comme l'ont prétendu Castani et Vaunan, je crois bien que mon corps se détacherait du pied et que seul celui-ci resterait accroché à la corde.

Pris de peur, le Procureur ordonna que l'on me dépende immédiatement. Une fois allongé sur le parquet l'assistance pouvait constater les dégâts. Sous la pression de la corde, la chaussette avait pénétré dans la chair. Le lien put s'enlever facilement, mais il n'en a pas été de même pour la chaussette. En l'enlevant, la peau devait venir avec, laissant apparaître un sillon profond de couleur violette virant au noir. En voyant cela, le Procureur de la République était catastrophé. Il devait s'écrier :

— C'est une comédie qui n'a que trop duré !

Immédiatement il faisait venir un inspecteur de l'identité judiciaire pour que l'on photographie ma cheville. Ensuite, le juge d'instruction devait examiner le dessus de la porte qui m'avait servi de potence. Lui aussi avait été fortement marqué. Sous l'emplacement de la corde, la vieille peinture avait été fortement éraflée. Les angles, qui étaient vifs avant l'opération étaient abattus et arrondis. Des photographies du dessus de porte devaient également être prises.

Refusant de me faire soigner par un médecin, je me suis fait reconduire chez moi par une voiture du service. C'est mon épouse qui devait prendre soin de ma cheville et me faire un pansement.

Dans les jours qui suivirent, à plusieurs reprises je devais me rendre au Palais de justice pour montrer ma cheville au Procureur. Je devais garder des marques fort longtemps.

Après cette reconstitution, vu le « dégonflage » de Vaunan, vu que ma pendaison volontaire avait apporté la preuve formelle que des marques sérieuses, de longue durée, devaient immanquablement se retrouver sur la cheville d'un homme ayant subi un tel traitement, étant donné enfin l'attitude du Procureur de la République qui n'avait pu cacher son indignation, Palau et moi nous étions désormais hors de danger. Nous avions évité l'inculpation et, vraisemblablement, le mandat de dépôt. Nous pouvions envisager la suite de cette affaire avec sérénité et en toute confiance.

Après la campagne de presse que Palau et moi nous avions

subi nous aurions pu donner une certaine publicité au résultat de cette reconstitution. Nous n'en avons rien fait. Les journaux locaux ou régionaux n'en ont pas été informés. Seul un journal parisien, probablement à la suite d'une fuite, devait faire paraître un article avec un gros titre : « A Nice, un policier s'est fait pendre par un pied pour confondre ses calomniateurs ».

En tout état de cause ce n'était pas parce que nous avions détruit les accusations de Vaunan que le Parquet de Grasse devait classer l'affaire. La plainte contre personne dénommée avec constitution de partie civile demeurait et l'information était toujours ouverte. Mieux que cela le Parquet devait enregistrer encore d'autres plaintes contre nous.

Après le décès de Castani, Marcel Baranigo qui était à la maison d'arrêt parvenait à se faire hospitaliser à l'hôpital de Grasse à la suite du réveil subi d'une otite et mastoïdite chroniques. Dans le courant du mois de mai il avait été condamné pour le cambriolage dans les locaux de la Croix-Rouge de Draguignan (affaire connexe à l'agression à main armée du camion de la maison Fouillard).

Le 1er juin, il parvenait à s'évader de cet hôpital de Grasse avec Saravelli, dit « Louis le dur », impliqué lui aussi dans l'affaire Lavaura et celle de l'attaque du camion par de faux gendarmes. Quatre jours plus tard, il devait être repris par les gendarmes de Grasse et de Fayence. Après une battue ayant duré toute une nuit, on devait le découvrir dans la petite tente dans laquelle il s'était réfugié, dans les bois du Tanneron, dans les environs de Grasse. Surpris au petit matin, il réussissait à fuir. Toutefois, peu après il devait se rendre après avoir essuyé plusieurs coups de feu. Un revolver chargé devait être découvert dans son abri provisoire.

Le 7 août, ce même malfaiteur déposait une plainte contre les policiers qui l'avaient appréhendé six mois auparavant, c'est-à-dire Palau et Michel. Il les accusait de l'avoir frappé à la tête avec une matraque ce qui, à ses dires, aurait réveillé sa mastoïdite chronique dont il était atteint. Dès réception de cette nouvelle plainte le Procureur faisait ouvrir une nouvelle information. Notre chef M. Baldetini en était avisé.

Le 14 novembre 1947, neuf mois après son arrestation et cinq mois après la reconstitution dans les locaux de police au cours de laquelle ses accusations s'étaient effondrées, Marc Vaunan adressait, par la poste, une nouvelle plainte au Procureur Voutier, toujours à l'encontre de Palau et Michel. Dans sa nouvelle plainte, il rappelait qu'il avait été frappé et pendu par un pied et que ces sévices avaient entraîné des conséquences graves. Il produisait, en outre, un certificat du docteur Denoul de Grasse, l'un des deux médecins ayant pratiqué la première autopsie. Il était daté du 12 mars 1947, un peu plus d'un mois après son arrestation. Dans ce certificat il était dit notamment :

« Après avoir constaté l'état mental du malade, je conclue qu'il présente des symptômes classiques de la confusion mentale essentielle et déclare que si les sévices évoqués par Vaunan sont réels (la pendaison par un pied), leur action n'a pu qu'aggraver et même être la cause de cet état mental. »

On ne pouvait être plus gentil avec les policiers. Lorsqu'il établit ce certificat, le 12 mars, c'était cinq jours après la contre-autopsie à laquelle il avait assisté. Au cours de celle-ci, il avait dû apprendre par ses confrères médecins légistes qu'en matière de pendaison par les pieds il était élémentaire d'examiner les chevilles. De ce fait ce médecin aurait peut-être dû en tenir compte et jeter un petit coup d'œil sur celles de Vaunan puisque les sévices invoqués étaient les mêmes que pour Castani. Il avait jugé préférable de s'en tenir à la confusion mentale essentielle.

Ce certificat du docteur Denoul, je ne devais en prendre

connaissance que très longtemps après au greffe du Palais de justice de Marseille.

Naturellement, le Parquet de Grasse devait aviser notre chef de cette nouvelle plainte. Palau et moi nous commencions à en avoir l'habitude et nous ne nous en inquiétions plus. Nous n'avions jamais cessé de faire notre travail comme nos autres collègues. Néanmoins nos chefs évitaient de nous confier des enquêtes sur l'arrondissement de Grasse.

Une certaine presse s'étonnait de la lenteur de l'instruction dans l'affaire Castani. Du moment que Palau et Michel n'étaient pas en prison on insinuait que l'on devait être en train d'étouffer cette affaire. Eugène Castani était présenté comme une victime et, de plus, un honnête commerçant.

Castani était bien loin d'être un honnête homme. Il est vrai qu'il n'était pas chargé en condamnations. C'était surtout un proxénète qui avait toujours réussi à ne pas se faire prendre. Aux archives de la police d'Etat de Nice nous devions découvrir une lettre de son épouse légitime, Laure Castani, née Vacaro. Celle-ci était adressée au commissaire central de Nice. Elle était rédigée, dans un français peu académique, textuellement comme suit :

« Vence le 4 juillet 1941

« Monsieur le Commissaire

« Etant marier depuis le 18 novembre 1934 à Eugène Castani et voici deux ans que je ne suis plus avec lui rapport à la vie qu'il fait et qu'il a toujour fait d'ailleur et qu'il continue toujours nous nous accordons pas car il a toujour mener une vie de Barbo j'ai patienté jusqu'à présent et comme j'ai vu qu'il ne changer pas. il passer des nuits entières dehor d'ailleur ce n'est qu'un barbo un joueur de poker et un buveur et pour lui j'ai gacher ma vie je suis partie de la maison comme nous nous entendions plus et j'ai tout essayer pour qu'il reste tranquille mais il n'y a rien à y faire, car pour lui j'ai était moi aussi dans des maisons de tolérance mais une personne ma retirer de la dedans et je veux refaire ma vie car je ne veux pas que mes parents vienne à savoir ce que j'ai fait, surtout qu'ils sont agée tout les deux et voila depuis six mois je suis retourner cher mes parents.

« Donc monsieur le commissaire mon mari lui il continue à faire cette vie même il et souteneur de cinq femmes. Même il a n'a enlever une qu'elle était à la rue d'Alger pour la mettre à Grasse et toutes les semaines il y va je crois bien tout les lundi à ce qu'on ma dit et il a un commerce de tapissier en meubles à Nice sa lui ser de couverture pour qu'on le laisse tranquille. Donc monsieur le commissaire je vous prierai d'accéder à ma requête car ne pouvant plu rester avec cet homme et voulant me refaire ma vie et reprendre mon non, je voudrais divorcer et ne pouvant plus rien faire avec un homme pareil qui n'a jamais était aimable avec moi et qu'il m'a frapper.

« Et c'est pourquoi monsieur le commissaire je vous prierais de bien vouloir me venir en aide pour avoir mon divorce et que je puisse me refaire une vie honnête car je suis d'une famille qu'ils sont tous honnête et travailleur.

« Et surtout que mon mari ne sache pas que c'est moi qui vous et averti la vie qu'il mène.

« Veuillez agrée monsieur le commissaire mes respectueuses salutations. »

Voilà la description d'Eugène Castani, par son épouse légitime. On était loin de l'honnête commerçant dont faisait état une certaine presse. Cette plainte était plutôt édifiante sur ses agissements, sa mentalité et sa moralité.

Cette lettre de Mme Vacaro devait nous donner des idées et nous devions faire, très officieusement, ce que le juge d'instruction aurait dû faire en ce qui concernait la recherche de l'état pathologique antérieur d'Eugène Castani. Par quelqu'un de très proche de son épouse, nous devions apprendre que cet homme avait été atteint de syphilis et que son épouse avait été contaminée, en 1935, à la naissance d'un enfant mort-né. Au service nous avons vu là une possibilité d'éclaircissement en ce qui concernait le décès de Castani. Peut-être, même, l'explication plausible de l'hémorragie méningée qui avait été constatée au cours des deux autopsies.

Au service de l'état-civil de la mairie de Nice, il m'était possible de prendre connaissance du bulletin de décès de l'enfant d'Eugène Castani. Sur celui-ci il était indiqué que le 24 mai 1935, à sept heures, Mme Vacaro avait accouché d'un enfant sans vie. Ce fait paraissait confirmer les renseignements que nous avions obtenus. Nous ne voulions pas en rester là. Si Castani avait effectivement été syphilitique, il devait avoir été soigné. N'ayant jamais quitté Nice, il devait y avoir des traces au centre de prophylaxie de l'hôpital Saint-Roch à Nice. Pour vérifier le fait il ne m'était pas possible d'agir officiellement, il m'aurait fallu une commission rogatoire du juge ce qui était impensable. J'ai dû m'y prendre autrement. Très officieusement je parvins à obtenir un renseignement confirmant qu'à l'âge de 19 ans, Castani s'était fait soigner au centre pour un chancre syphilitique.

Ainsi il apparaissait qu'effectivement Castani avait été syphilitique et que son épouse avait été contaminée à la naissance d'un enfant mort-né. Castani était atteint de cette terrible maladie depuis dix-huit ans. Il se trouvait donc dans la forme tertiaire de cette maladie.

Après cette découverte, le commissaire Riols, qui assumait à ce moment l'intérim du chef de notre détachement, se rendit à Grasse. Il devait attirer l'attention du juge d'instruction Senas sur le fait qu'aucune recherche n'avait été prescrite en vue de déterminer si Castani avait été traité dans les hôpitaux de Nice et notamment au centre de prophylaxie. Il devait ajouter que selon des renseignements parvenus jusqu'à notre service, Castani se serait fait soigner à ce centre. Il devait souligner l'importance de ces renseignements et l'intérêt qu'il y avait à faire procéder à des vérifications officielles.

Le juge devait répondre par de vagues propos qui pouvaient être interprétés comme une fin de non recevoir. Mieux que cela, son greffier, M. Benard, devait s'exclamer :

— Ils seront toujours à temps de réclamer ce nouvel acte d'instruction lorsqu'ils seront inculpés.

Cet accueil décevant devait décider M. Riols à se rendre à Marseille pour informer notre chef de service. Devant la gravité des faits, celui-ci décida de se rendre à Aix-en-Provence pour les communiquer au Procureur général.

A la suite de ce rapport verbal, le Procureur général devait prendre la décision de dessaisir le Parquet de Grasse et de confier l'affaire au Parquet de Marseille. C'est le juge d'instruction Saccone qui devait être chargé de la poursuite de l'instruction.

Il est utile de préciser que dès le début de cette affaire, parallèlement à l'enquête judiciaire, une enquête administrative avait été effectuée à la demande du ministre de l'Intérieur. Très rapidement elle devait faire ressortir la mauvaise foi des accusateurs, la cabale montée par des co-détenus et mettre les policiers hors de cause. Aussi lorsqu'un parlementaire communiste des Alpes-Maritimes demanda au ministre de l'Intérieur la suspension de leurs fonctions de Palau et Michel, dans l'attente de la décision de justice, cette demande fut rejetée catégoriquement.

Dès qu'il eut le dossier en mains, le juge Saccone adressait une commission rogatoire au doyen des juges d'instruction de Nice. Elle était ainsi conçue :

— Il résulte des renseignements recueillis par la police de Nice que le nommé Castani Eugène aurait été traité pour maladie vénérienne et aurait une fiche au centre de prophylaxie des Alpes-Maritimes.

1° Je vous pris de bien vouloir faire rechercher cette fiche et de procéder à sa saisie.

2° Egalement, de bien vouloir désigner par ordonnance les médecins experts : Ralou à Nice, Costan à Cannes, Baudol à Antibes, qui seront chargés de la mission suivante :

Rechercher si Castani a reçu des soins au centre de prophylaxie des Alpes-Maritimes ou dans tout autre établissement et me renseigner sur la nature des soins reçus par lui et sur la maladie dont il était atteint.

Les experts diront, au cas où Castani aurait été atteint d'une maladie, si celle-ci le prédisposait à une hémorragie cérébrale telle que celle qui a provoqué son décès.

Une telle hémorragie peut être considérée comme une conséquence naturelle de la maladie en question ?

Etait-il nécessaire au contraire qu'un choc ou traumatisme vienne la provoquer.

Les experts prêteront serment entre vos mains. Je vous signale l'urgence de la première opération.

Marseille, le 4 octobre 1947.

Dans un premier temps, la fiche établie au centre de prophylaxie de Nice, hôpital Saint-Roch, au nom d'Eugène Castani était saisie par la Sûreté niçoise.

Etait saisie également l'autorisation du père de Castani pour que son fils puisse être traité par des injections intra-veineuses.

Etaient saisies enfin les fiches de soins qui attestaient qu'il s'était fait traiter, d'une façon discontinue, de mai 1929 à mars 1939 à la suite d'un chancre syphilitique survenu en novembre 1928 et traité par le docteur Ferracci.

Conformément à ce qui leur avait été demandé par le juge d'instruction, les médecins experts de Nice, Antibes et Cannes devaient certifier que la maladie contractée très jeune par Castani le prédisposait à une hémorragie cérébrale comme celle ayant provoqué sa mort. Cette hémorragie pouvant être considérée comme une conséquence naturelle de cette maladie. Les experts devaient ajouter qu'il n'était pas nécessaire qu'un choc ou traumatisme soit venu provoquer cette hémorragie.

Ainsi donc la terrible maladie dont était atteint Eugène Castani avait été officiellement établie.

Que dire des deux médecins grassois qui avaient pratiqué la première autopsie ? Ils avaient affirmé, dans leur rapport, sans prendre le soin de faire des réserves, qu'ils se trouvaient en présence d'un individu en parfaite santé. Il apparaissait aussi qu'une faute professionnelle supplémentaire avait été commise par ces praticiens. Les trois experts ayant pratiqué la contre-autopsie avaient jugé bon de prélever du sang sur le cadavre, à toutes fins utiles, pour toutes recherches biologiques et cliniques. Malheureusement ce prélèvement n'a pu être d'aucune utilité vu l'état de putréfaction du sang. Si, dans le même but, ce sang avait été prélevé sept jours plus tôt, au cours de la première autopsie, c'est peut-être sept mois avant que l'on aurait appris que Castani était syphilitique. Il est vrai qu'après avoir conclu, dans leur rapport d'autopsie, que Castani était bien mort à la suite des sévices subis, les premiers praticiens ne pouvaient, sans se contredire, demander une analyse de sang en vue de rechercher si le décès n'était pas imputable à une origine endogène.

Que dire du docteur Garento, de la partie civile ? Au cours de la contre-expertise, en présence de trois experts assermentés, responsables de cette opération et seuls qualifiés pour dire quoi que ce soit au sujet de celle-ci, il faisait connaître, à haute voix, à la presse, que l'hémorragie méningée était bien consécutive aux violences exercées par les policiers. Lui qui n'avait pas hésité, en plus, à prendre l'initiative d'écrire au juge d'instruction de Grasse pour lui faire savoir que, lui, rejetait toute cause endogène dans le décès de Castani ?

Que dire, enfin, du docteur Famous, le médecin de famille, qui sous la foi du serment, avait affirmé au juge s'instruction, qu'il soignait la famille Castani depuis vingt-cinq ans et que tout le monde, y compris Eugène Castani lui-même, était en bonne santé. Que penser d'une telle déposition, sous la foi du serment, alors qu'il ne pouvait ignorer que cet homme était syphilitique depuis l'âge de 18 ans.

Moi qui ai été victime de ces agissements et de pareils faux témoignages, qui m'on fait courir le risque d'aller en prison pour de nombreuses années, je peux dire que des prises de position d'une telle bassesse sont inqualifiables. Je pense que tous ceux qui liront ces lignes seront d'accord avec moi pour reconnaître que des « ripoux » il y en a dans toutes les professions.

En même temps que cette demande d'enquête au sujet de l'état de santé de Castani, le juge d'instruction Saccone délivrait une commission rogatoire à la P.J. de Marseille. Elle donnait mission à ce service de rechercher, d'identifier et d'entendre, éventuellement, les co-détenus de Castani, à la maison d'arrêt de Grasse. Il s'agissait des détenus autres que ceux qui avaient été inculpés dans les affaires de concrète de jasmin, du vol de camion chargé de produits de parfumerie et du cambriolage du service de la Croix-Rouge de Draguignan, ayant été en contact avec Castani avant sa mort. Celui qui avait partagé sa cellule jusqu'à son décès et d'autres furent entendus. Le médecin et l'infirmier de la maison d'arrêt le furent également. Tous ces témoignages devaient contribuer à réduire à néant les accusations qui avaient été propagées en ce qui concernait les sévices que Castani auraient subis.

Compte tenu que cette affaire Castani avait fait beaucoup de bruit, une presse tendancieuse ayant orienté le public sur la culpabilité des policiers, le juge Saccone crut devoir ordonner un dernier acte d'information avant de décerner un non-lieu. Il devait commettre le docteur Laroud, médecin légiste pour la région marseillaise qui, à l'époque, faisait autorité dans sa spécialité. A son tour, il lui était demandé de donner son avis sur cette affaire après toutes ces expertises, contre- expertises, etc.

Dans son rapport, le docteur Laroud devait rappeler, au sujet des sévices dont Castani aurait fait l'objet, qu'il n'existait que les dépositions faites par ses co-détenus.

Qu'aucune constatation médicale n'avait été faite.

Que le résultat des autopsies avait été négatif au sujet de la pendaison par les pieds.

Que si réellement Castani avait été pendu de cette façon, il aurait présenté des signes et laissé des traces caractéristiques et, surtout, qu'il n'aurait pas manqué de les montrer au Procureur lorsqu'il a été présenté au Parquet. Des traces qui auraient pu être facilement décelées au cours des autopsies.

Dans ses conclusions, cet expert devait faire connaître que pour lui Castani était bien mort d'une hémorragie cérébrale consécutive à l'affection syphilitique dont il était atteint depuis près de vingt ans et dont le traitement n'avait pas été suivi sérieusement.

Cette hémorragie correspondait bien aux accidents tertiaires spontanés de cette maladie. Les manifestations viscérales font la gravité de la syphilis tertiaire. Les plus fréquentes portent, entre autres sur le système artériel.

Après ce dernier acte d'information, en date du 20 avril 1950, le juge d'instruction Saccone, devait prendre une ordonnance de non-lieu. Cette décision de justice devait être signifiée à la partie civile qui ne devait pas y faire appel.

Ce rapport du docteur Laroud avait été rédigé peu de temps après que le juge d'instruction Saccone lui en ait fait la demande. Il a donc été transmis au magistrat instructeur fin 1947. En conséquence, nombreux seront les lecteurs qui seront en droit de s'étonner que cette ordonnance de non-lieu ne soit prise que deux ans après. A cela je crois pouvoir donner une réponse tout à fait personnelle.

Cette affaire Castani avait été montée en épingle par la presse. Elle avait pris beaucoup d'importance aux yeux du public. Cette presse tendancieuse avait réussi à faire croire que les deux policiers visés avaient bien été des tortionnaires et qu'ils devaient être sévèrement punis. Annoncer à l'opinion publique, si tôt, que ces deux policiers venaient de bénéficier d'un non-lieu, c'était laisser croire, à certains, que cette affaire avait été étouffée.

Il faut savoir que le public avait ignoré le résultat de la contre-autopsie, au contraire, on lui avait appris que celle-ci confirmait la mort de Castani après sévices. Il avait ignoré la reconstitution au cours de laquelle un policier s'était fait pendre par un pied. Reconstitution qui avait permis d'anéantir les accusations portées à l'encontre des policiers. Il ne savait pas que l'on avait découvert que Castani était atteint de syphilis depuis l'âge de 18 ans. Il ignorait aussi que le rapport des médecins légistes de Nice, d'Antibes et de Cannes avaient conclu que Castani était mort naturellement d'une façon certaine, des suites de cette terrible maladie. Enfin, ce public ne savait pas non plus, que le docteur Laroud, médecin légiste de grande notoriété, avait confirmé les conclusions de ces trois experts.

Evidemment, il n'était pas dans les attributions de la justice de publier, par la presse, le contenu du dossier de cette affaire. Cela n'était ni dans son pouvoir ni dans ses possibilités, ainsi, le grand public ne pouvait qu'ignorer qu'il avait été nourri de mensonges grossiers. De même il ne connaissait pas les erreurs monumentales qui avaient été commises par les uns et par les autres, de même que tous les agissements scandaleux qui avaient été commis par certains dans cette affaire.

.

Je pense que n'ayant pas la possibilité de faire connaître la vérité dans tous ses détails, la justice, dans sa sagesse, a jugé préférable d'attendre que les passions déchaînées par cette affaire se calment et tombent dans le domaine de l'oubli. C'est ainsi que cette ordonnance de non-lieu prise à Marseille, longtemps après le début de cette affaire, n'a fait l'objet d'aucun article de presse dans cette ville. Elle devait passer inaperçue pour la presse de la région niçoise.

Néanmoins, je sais que certains restent encore sous l'influence des articles de presse publiés, d'une façon tendancieuse, à cette époque, et n'ayant jamais plus entendu parler de cette affaire, sont convaincus que celle-ci avait été étouffée. Par mon ouvrage ces personnes seront à même de juger qui étaient les vrais coupables.

Je dois souligner que durant ces longs mois au cours desquels cette affaire devait peu à peu tomber dans l'oubli, même mon épouse devait en souffrir. Souvent, chez les commerçants elle entendait des paroles comme celles-ci : « Vous avez-vu, dites ?, ce que les policiers ont fait ? C'est une honte d'avoir torturé à mort un homme comme ils l'ont fait ! » ou bien encore : « Et cette affaire Castani ? Dites ? On n'en parle plus. Bien sûr l'affaire était trop grosse. C'était un déshonneur pour la police. On a dû l'étouffer. On en entendra jamais plus parler. » En me relatant ces racontars ma femme me disait souvent : « A quoi cela t'a servi de risquer si souvent ta peau pour défendre les honnêtes gens. Voilà comment tu en es récompensé. » Je trouvais qu'elle avait bien raison.

Trois ans s'étaient écoulés entre le moment ou plainte avait été déposée contre personne dénommée, avec constitution de partie civile et le non-lieu de M. le juge d'instruction Saccone, dans la procédure instruite contre X du chef de coups et blessures ayant entraîné la mort sans intention de la donner. Le non-lieu était prononcé au bénéfice de X, mais en réalité mon ami Palau et moi-même nous en étions les bénéficiaires.

Durant trois longues années, lui et moi, nous avons vécu avec une épée de Damoclès suspendue au-dessus de nos têtes. Nous étions toujours dans la crainte qu'un rebondissement, à caractère machiavélique, vienne encore aggraver la situation.

Ce qui était déplorable, par-dessus tout, dans l'épreuve que nous venions de subir, c'était le fait que la première autopsie avait été confiée aux docteurs Ravez et Denoul, plutôt qu'à trois médecins légistes, experts auprès des tribunaux. Les constatations faites par ces deux praticiens, sur le corps de Castani ne leur permettaient absolument pas de conclure à un décès survenu à la suite d'une pendaison par les pieds. Si ces médecins n'avaient pas été très fortement conditionnés ils n'auraient pu rédiger leur rapport dans ce sens. De ce fait la cabale montée par les co-détenus de Castani aurait été détruite dans l'œuf. Au lieu de cela, cette autopsie devait donner le grand départ pour une erreur judiciaire monumentale qui devait avoir des conséquences graves pour les policiers. Elles auraient pu être encore beaucoup plus graves.

Ce n'est qu'après le classement de cette affaire et au greffe du tribunal civil de Marseille, qu'avec ma seule qualité d'officier de police judiciaire auxiliaire du Parquet, il m'a été permis, tout à mon aise, de prendre connaissance de tous les attendus de cette ordonnance de non-lieu. J'ai pu, également, consulter tout le dossier et prendre note et copie de tout ce qui pouvait m'intéresser. C'est ainsi que pour tous les documents cités dans cet ouvrage, j'ai pu donner les textes dans leur intégralité. Naturellement, tant que l'affaire était en cours, Palau, moi-même et même mes chefs nous étions dans l'ignorance totale ou presque de ce qui était le secret de l'instruction.

Cette affaire ayant été close à Marseille, rien n'a transpiré du tribunal de cette ville en ce qui concernait ce non-lieu. Seule la partie civile avait été informée. Naturellement, alors qu'elle avait tout fait pour monter les journalistes contre la police, elle s'est pudiquement abstenue de leur faire connaître sa défaite.

En conséquence, étant donné que les policiers ont eu le triomphe modeste, la presse nationale, régionale et locale n'a jamais eu connaissance de ce non-lieu. De ce fait, cette ordonnance n'a pu être communiquée au public. Celui-ci a donc toujours ignoré la fin de cette affaire et les causes réelles du décès d'Eugène Castani. Ceci, je le déplore et je le déplorerai toujours, car nombreuses ont dû être les personnes qui, devant ce black-out définitif, après cette énorme campagne de presse tendancieuse, ont été en droit de penser que cette affaire avait été « étouffée » par la justice.

Après ce non-lieu, j'étais personnellement déterminé à donner une large publicité à cette affaire afin de confondre ou de ridiculiser certaines personnes aux yeux du public. Je souhaitais atteindre tous les individus qui avaient pris position ou agi contre nous ou la police en général. Que ce soit par malveillance, parti-pris, incompétence, mauvaise foi ou imbecillité. Je voulais même poursuivre le médecin de famille de Castani qui, sous la foi du serment, avait déposé devant un juge d'instruction que son client se portait comme un charme alors qu'il le soignait depuis son plus jeune âge et qu'il n'ignorait pas que depuis l'âge de 18 ans il était atteint de syphilis. En définitive, l'acharnement que trop de personnes avaient manifesté contre nous pour nous faire du mal aurait justifié que nous passions à la contre-offensive. Néanmoins, mon ami Palau n'était pas d'accord pour me suivre dans cette voie.

Du fait que l'affaire Castani s'était finalement terminée à notre entière satisfaction et que, enfin, nous avions retrouvé notre quiétude d'esprit, il estimait que nous devrions laisser tomber. Il n'était pas d'accord pour continuer à nous battre en vue de confondre, devant l'opinion publique, tous ceux qui s'étaient acharné contre nous. Pourtant, il admettait bien que la plupart de ces personnes méritaient bien d'être poursuivies en justice pour faux témoignage, diffamation, publication de fausses nouvelles, et..., ne voulant pas me battre seul dans des actions de longue haleine, je me suis abstenu.

Je n'ignorais pas que l'article 70 du code d'instruction criminelle autorisait un inculpé bénéficiant d'un non-lieu à la suite d'une information ouverte contre personne dénommée et constitution de partie civile, à réclamer des dommages et intérêts, au dénonciateur, devant le tribunal correctionnel. C'était bien notre cas à Palau et à moi-même. Cette possibilité de nous retourner contre la partie civile ne m'intéressait absolument pas. D'abord, j'estimais que le frère de Castani avait pu croire, tout au moins au début de l'affaire, que son frère avait réellement pu faire l'objet de sévices. De plus, j'en voulais beaucoup moins aux truands et aux malfaiteurs qui avaient cherché à nous faire du mal qu'à toutes les personnes qui s'en étaient fait les complices. Les malfaiteurs sont des adversaires pour les policiers. Que ceux-ci saisissent une occasion pour se venger des « flics » qui les ont envoyés en « tôle », tout en essayant de réduire à zéro leurs aveux ou à atténuer leurs chefs d'inculpation, c'est presque de bonne guerre.

En ce qui concerne les autres, d'un rang considéré comme honorable et respectable, je trouvais que leurs agissements et leurs comportements avaient été abjects. Quels que soient les mobiles qui les aient poussés à commettre des actes pouvant aller jusqu'à de faux témoignages, sous la foi du serment, en justice. Prendre fait et cause pour des malfaiteurs, avant même de savoir si ces policiers étaient réellement coupables dénote une mentalité plutôt doûteuse.

Les choses auraient pu très mal tourner pour les policiers. L'orientation donnée à cette affaire dès le départ par le Parquet, et l'orchestration qui a suivi pouvaient parfaitement les faire

« tomber ». Dans ce cas, mon collègue et moi nous aurions peut-être souffert de longues années en prison, malgré notre innocence. Cela se serait accompli grâce aux agissements de certaines personnes qui n'ont jamais cessé de jouir d'un respect qu'ils sont loin de mériter.

Pour cette douloureuse affaire dans laquelle Palau et moi avons été mis en cause, tous les fonctionnaires de notre brigade mobile, inspecteurs et commissaires, nous avions une conviction et nous l'avons toujours. Si Valtouch n'avait pas été arrêté avec sa complice secrétaire principale du Parquet de Grasse, si les journaux locaux n'avaient pas présenté la chose comme un scandale pour celui-ci, le décès d'Eugène Castani n'aurait pas pris une telle importance et surtout une telle orientation.

Pour conclure, je dois dire que, heureusement pour nous, pour contrer le Parquet de Grasse de l'époque, il y avait le Parquet de Nice, celui de Marseille et, surtout, le Parquet général d'Aix-en-Provence. Dans cette affaire, montée contre les policiers, en fin de compte, c'est la justice qui a triomphé, oui mais la vraie justice. Celle qui a vraiment cherché à connaître la vérité. C'est elle qui a fait table rase de toutes ces accusations, mauvaises rancunes, manigances ou animosités de toutes natures qui s'étaient manifestées à l'encontre de deux policiers, en particulier et d'un service de police en général.

Par contre, en ce qui concerne ce vol très important de concrète de jasmin, les grands vainqueurs furent les auteurs principaux de ce méfait. La grande cabale montée, au départ, par certains comparses, détenus, avait été couronnée de succès. Résultat final, les deux enquêteurs ayant été totalement neutralisés et l'enquête n'ayant jamais été reprise par personne, l'affaire s'était bien terminée pour les malfaiteurs. Les auteurs de cet acte de banditisme purent profiter de la vente de cette marchandise de grande valeur en toute impunité. Il est permis de supposer que rien qu'à la lecture des journaux, durant plusieurs mois, ils ont dû se frotter vigoureusement les mains et bien s'amuser.

Je peux affirmer que, depuis le début de notre siècle actuel, il n'y a jamais eu d'autres policiers, en France, qui aient été mis en accusation dans une affaire aussi grave et qui se soient battus comme nous l'avons fait pour faire éclater notre innocence.

Cette affaire était terminée. Elle avait fait beaucoup de bruit. Néanmoins notre carrière n'avait jamais été interrompue pour autant. En ce qui me concernait, personnellement, elle allait se poursuivre avec le même amour pour mon métier, encore très longtemps.

En 1950, M. Bertaux, Directeur général de la Sûreté nationale, devait créer les G.R.B. (Groupes de répression du banditisme). C'est peu de temps après que je devais quitter Nice après avoir demandé à être affecté à celui de Marseille. A ce groupe, je devais traiter, encore, de nombreuses affaires et participer à des événements dramatiques. Toutes ces enquêtes devaient être effectuées à l'entière satisfaction des Procureurs de la République de divers Parquets. Il en a été de même pour les magistrats instructeurs qui ont eu à me déléguer leurs pouvoirs en vertu de commissions rogatoires. Certains de ces magistrats ont eu l'occasion de me manifester considération, estime et même amitié.

C'est à ce Groupe de Répression du Banditisme de Marseille que je devais terminer ma carrière en qualité d'inspecteur divisionnaire.

FIN

Table

Numéro d'éditeur : 8851

Dépôt légal : septembre 1991
Numéro d'impression : 4998

ACHEVÉ D'IMPRIMER
SUR LES PRESSES
DE L'IMPRIMERIE S.E.G.
33, RUE BÉRANGER
CHATILLON-SOUS-BAGNEUX